Voto Rotos

Una Bendición Disfrazada

BLANCA DE LA ROSA

Derecho de Autor © 2025 Número de Registro: TXu 2-486-291
por Blanca De La Rosa

Todos los derechos están reservados, y ninguna parte de esta publicación puede ser reproducida, distribuida o transmitida de ninguna forma, ya sea mediante fotocopias, grabaciones u otros métodos electrónicos o mecánicos, sin la autorización previa y expresa por escrito del editor. Esta restricción se aplica a cualquier medio o formato de reproducción o distribución.

Se permiten excepciones a esta norma en el caso de citas breves que puedan incluirse en reseñas críticas, así como ciertos usos no comerciales permitidos por la ley de derechos de autor. Cualquier uso de este tipo debe cumplir con las condiciones y permisos establecidos por el titular de los derechos de autor.

ISBN: 978-1-83556-338-0 Tapa blanda

ISBN: 978-1-83556-339-7 Tapa dura

ISBN: : 978-1-83556-340-3 Libro electrónico

Diseño del libro por HMDPUBLISHING

Tabla de Contenidos

Prólogo 5
1. Aspiraciones de Inmigrantes 7
2. Lazos Urbanos 10
3. Un Giro del Destino 12
4. Un Ajuste de Cuentas del Corazón 15
5. Atados por la Tradición y las Expectativas 17
6. Un Matrimonio por Obligación 22
7. Entre el Amor y el Deber 24
8. Un Amor a Prueba 27
9. Una Vida en Conflicto 33
10. Un Escape Compartido 35
11. Traición en Manhattan 39
12. Revelando la Traición 44
13. Exponiendo a Isabela 50
14. El ajuste de cuentas final 55
15. Rompiendo la Ilusión 64
16. Una traición imperdonable 71
17. Desenmascarando una traidora 77
18. Hogar roto, amor intacto 86
19. Abrazando el futuro 94
20. La vida que ella eligió 100
21. En la Encrucijada 105
22. Mas allá de los restos de un romance 108
23. A través del espejo del arrepentimiento 115
24. Surgiendo de las Cenizas 120
25. Una bendición disfrazada 125
Epílogo 130

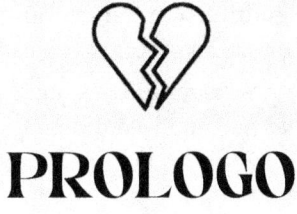

PROLOGO

Ecos de votos rotos

Los dedos de Mariana temblaban mientras sostenía la carpeta manila, su peso presionando contra su pecho como una carga insoportable. La cocina, antes impregnada del reconfortante aroma del café matutino y las risas tranquilas, ahora se sentía vacía, despojada de su calidez. Incluso el zumbido del refrigerador parecía indiferente, mezclándose con el murmullo distante del tráfico más allá de la ventana.

Dentro de la carpeta yacía la evidencia: fotografías, recibos, fragmentos de información que destrozaban la frágil ilusión a la que se había aferrado durante años. Cada elemento era una pieza afilada en el rompecabezas de la traición de Ricardo, revelando no solo una aventura, sino una engañosa manipulación cuidadosamente orquestada. No había sido simplemente un desliz, sino un desmoronamiento lento y deliberado de la vida en la que había confiado.

Se hundió en una silla, sus manos temblando mientras revisaba el contenido de la carpeta. ¿Cuántas noches había llegado Ricardo a casa con esa sonrisa familiar y encantadora, ocultando la verdad? ¿Cuántos sueños y promesas había compartido mientras la mentira se gestaba bajo la superficie? La traición no era solo infidelidad—era la profanación de todo lo que habían construido juntos. Los años de confianza, los secretos susurrados, la creencia inquebrantable de que siempre estaría a su lado, ahora parecían crueles ilusiones, burlándose de ella con su vacío.

Su mirada cayó sobre una vieja fotografía escondida en un rincón de la carpeta, sus bordes gastados por el tiempo. Eran ellos dos de adolescentes, de pie frente a los proyectos donde habían crecido juntos. Ricardo había sido su todo entonces—su amigo, su cómplice en sueños, su apoyo inquebrantable. Le había cargado los libros camino a la escuela, le había molestado por su amor a las novelas románticas, le había prometido un siempre bajo el resplandor titilante de las farolas. Mariana trazó con los dedos los contornos de la imagen descolorida, la alegría en sus rostros casi burlándose de ella ahora. El niño que alguna vez susurró planes para su futuro se había convertido en el hombre que desmoronó su mundo con su engaño.

¿Había habido señales? Quería creer que esta traición la había golpeado sin advertencia, pero en los rincones silenciosos de su mente, la duda susurraba otra historia. Las noches inexplicables, las expresiones distantes, los momentos en que Ricardo había estado presente pero no realmente allí. Los había visto—quizás incluso reconocido—pero había elegido creer en el hombre que amaba en lugar de aceptar la verdad que acechaba bajo la superficie.

Un dolor espectral se agitó en su pecho cuando los recuerdos regresaron—las risas compartidas, los secretos intercambiados en rincones tranquilos de su barrio; las noches soñando con un futuro que ahora yacía en ruinas. Ricardo no era solo su esposo—era el niño que la había hecho sentir segura en el caos de su juventud. Pero la seguridad, ahora comprendía, no había sido más que una ilusión.

Su pecho se apretó, una dolorosa sensación de vacío expandiéndose en el espacio que Ricardo alguna vez ocupó. La traición era más que votos rotos—era la muerte de algo sagrado. Una vida que había creído inquebrantable, ahora hecha añicos, dejando solo fragmentos de lo que fue.

Apretó la carpeta con más fuerza, su peso arrastrándola más profundo en el duelo. Ricardo había estado tejido en cada hilo de su existencia—su presencia moldeando sus sueños, sus decisiones, su identidad. Perderlo significaba perder al niño que le había prometido un siempre, al hombre que había estado a su lado en cada hito de su vida. Significaba perder la versión de sí misma que había creído en él por completo.

Y, sin embargo, entre el sofocante dolor, una chispa de determinación parpadeó. Ricardo había destrozado su confianza, pero no permitiría que destruyera su espíritu. Lo enfrentaría—no por cierre, sino por claridad. Durante demasiado tiempo, había construido su mundo alrededor de él. Ahora, no tenía más opción que reclamarse a sí misma.

Mariana cerró los ojos y el presente se desvaneció. En su lugar, surgió el aroma del asfalto calentado por el verano, los ecos distantes de la risa, las vibrantes calles de los proyectos donde dos niños soñadores alguna vez se atrevieron a imaginar un futuro que ninguno hubiera podido prever terminaría así.

CAPÍTULO 1
ASPIRACIONES DE INMIGRANTES

••

Nueva York: la jungla de concreto donde los trenes subterráneos rugían bajo las calles y los niños jugaban en canchas de asfalto. Rodillas raspadas y los moretones eran ritos de iniciación, recuerdos de la energía implacable de la ciudad.

Para Mariana, crecer en este laberinto urbano significaba estar rodeada de una diversidad cultural vibrante y oportunidades infinitas. Las luces brillantes de Broadway iluminaban sus noches, cada obra transportándola a mundos nuevos. En Radio City Music Hall, los espectáculos deslumbraban con su grandiosidad. Desde lo alto del Empire State Building, la ciudad se desplegaba ante sus ojos, un mar de luces interminables. Central Park West y Riverside Park ofrecían refugios verdes en medio del caos urbano, donde el sonido de los patines sobre el hielo y las risas de los ciclistas pintaban escenas de libertad.

Mariana Martínez, la menor de tres hermanos, y Ricardo Rivera, el mayor de cuatro, nacieron en la República Dominicana. Sus familias emigraron en 1963: la de Mariana llegó en mayo, la de Ricardo en agosto.

Las dos familias finalmente se establecieron en el mismo complejo de viviendas de Manhattan, una comunidad vibrante de familias puertorriqueñas y negras, con algunas familias dominicanas dispersas. Allí, sus vidas se entrelazaron mientras los niños jugaban bajo la mirada atenta de padres que observaban desde las ventanas de los apartamentos. La risa resonaba en las aceras y los patios, la resiliencia se tejía en cada rasguño y tropiezo.

A los seis años, Mariana y Ricardo fueron inscritos en la escuela pública, asistiendo del primer al tercer grado, enfrentando el desafío de aprender inglés. Era una batalla cuesta arriba, dificultada por costumbres desconocidas y el marcado contraste entre el hogar y el mundo exterior. Sus primeros años transcurrieron en entornos de habla hispana, donde los ritmos de su idioma natal les ofrecían consuelo. El frío, la ropa extraña y las expectativas culturales solo reforzaban su sensación de desplazamiento.

Sus padres, ocupados con sus propias luchas para adaptarse, ofrecían poca orientación. Las largas horas en fábricas y en sitios de construcción demandaban resistencia y determinación, dejándoles poco tiempo para descifrar las reglas implícitas del éxito en una tierra ajena.

En la década de 1960, los recursos para los inmigrantes latinos eran escasos, y la asimilación a la cultura dominante de habla inglesa requería una inmersión total. Los errores—tanto lingüísticos como culturales—eran inevitables. Pero para Mariana y Ricardo, cada palabra mal pronunciada y cada costumbre mal entendida se convirtieron en lecciones de resiliencia, una habilidad que llevarían consigo hasta la adultez.

En esta jungla de concreto, los sueños se forjaban en la adversidad. Para jóvenes inmigrantes como Mariana y Ricardo, la ciudad era tanto una tierra de oportunidades como un crisol de desafíos, moldeando sus identidades a través de la perseverancia.

Para 1965, la familia de Mariana se mudó a los edificios de Vivienda y Desarrollo Urbano, conocidos como "los proyectos". A pesar de su reputación por la delincuencia, los proyectos eran su hogar—una comunidad vibrante llena de vida, risas y experiencias compartidas. Para muchos, simbolizaban dificultades, pero para familias como la de Mariana, fomentaban resiliencia y compañerismo.

Los niños llenaban las calles jugando balón prisionero, béisbol callejero, rayuela y saltar la cuerda. La música se derramaba por las ventanas abiertas—salsa y merengue se mezclaban con los sonidos de alegría y conexión.

En días de lluvia, juegos como las sillas musicales y el escondite mantenían la diversión. Para las niñas dominicanas, jugar Jacks era más que un pasatiempo—era una tradición, tejiendo resiliencia y unidad.

A pesar de las duras realidades, los proyectos cultivaban una solidaridad implícita entre los residentes. Los vecinos se cuidaban unos a otros, formando una comunidad unida. Las fiestas de barrio y los festivales culturales reunían a las familias, el aroma de los platos dominicanos y puertorriqueños llenando el aire. Era un vecindario animado y solidario, donde las tradiciones sobrevivían incluso ante la adversidad.

Las noches en los proyectos significaban reuniones familiares y relatos compartidos, momentos que profundizaban la conexión de Mariana y Ricardo con sus raíces. Familiares extendidos vivían en el mismo edificio, y muchos amigos se convertían en familia. Los niños pasaban horas corriendo por las escaleras, visitando los apartamentos de unos y otros. Aunque el ambiente no era seguro, aprendieron a moverse con cuidado, siempre eligiendo las rutas más protegidas.

En 1967, la familia de Ricardo se mudó al mismo edificio, y ambas familias se volvieron inseparables. Sus raíces compartidas como inmigrantes dominicanos y las trayectorias paralelas de sus hijos en la escuela católica los unieron en una comunidad más grande. Los vecinos cuidaban de los hijos de los demás, reforzando los valores de la tradición y la responsabilidad.

Aunque físicamente estaban en los Estados Unidos, Mariana y Ricardo crecieron en los ritmos y la riqueza de su herencia. Juntos, equilibraban los desafíos de su entorno con las aspiraciones inculcadas en ellos, encontrando fortaleza en su comunidad.

CAPÍTULO 2
LAZOS URBANOS

Mariana y Ricardo se conocieron a los ocho años. Desde el primer momento, su conexión fue instantánea, natural, como si se hubieran estado buscando sin saberlo. Mariana lo llamaba "Ric" con ternura, mientras que él, con su estilo juguetón, la apodó "Mari". Su amistad, tejida entre risas y una confianza temprana, se convirtió en una extensión de la comunidad inmigrante unida que los rodeaba y les dio forma en sus primeros años.

La vida en los proyectos de vivienda de Nueva York no era fácil. Ambas familias habían sorteado ya muchas pruebas: jornadas interminables en fábricas, la lucha constante por dominar un nuevo idioma, y el esfuerzo silencioso por ofrecer a sus hijos un porvenir mejor. Pero dentro de esos hogares se respiraba resistencia y dignidad.

Los padres de Mariana, María Ana y José Antonio Martínez, llevaban consigo el peso y el orgullo de su herencia dominicana. María Ana, hábil costurera, trabajaba sin descanso para sostener a la familia, mientras José Antonio, con manos curtidas, moldeaba la ciudad como obrero de construcción.

En un piso más arriba, la energía vivaz de Ricardo lo hacía conocido en todo el edificio. Sus padres, Virginia y Manuel Rivera, eran un ejemplo viviente de sacrificio. Ambos trabajaban en la industria textil de Manhattan: ella, cosiendo; él, descargando y cargando mercancías, abasteciendo los talleres con materiales para los costureros y asegurando que los productos terminados llegaran a su destino. Ricardo los admiraba profundamente, aunque dentro de sí ardía el deseo de escapar del ciclo incansable del trabajo físico.

Su amistad floreció en un universo compartido de vivencias y sueños. Jugaban en los parques, organizaban partidos improvisados de fútbol en la calle, y en los fines de semana se perdían entre los senderos de Central Park. En el Museo Metropolitano, las payasadas de Ricardo—como hacer muecas a las estatuas clásicas—siempre arrancaban carcajadas de Mariana. En Coney Island, montaban juntos la rueda de la fortuna, embelesados ante el horizonte infinito de la ciudad.

Pero su vínculo iba más allá del juego. Ambos compartían una ambición silenciosa que los separaba del ruido que los rodeaba. Mariana, cautivada por los colores y ritmos del arte urbano, soñaba con ser artista. Ricardo, fascinado por las siluetas de acero y cristal de Manhattan, aspiraba a convertirse en arquitecto. Las tardes en la cocina de Mariana se convirtieron en su santuario: allí, entre libros y dibujos, intercambiaban sueños y cultivaban una determinación silenciosa.

Sus raíces dominicanas eran parte esencial de su identidad. En casa de Mariana, se valoraba la educación tanto como el orgullo cultural; en la de Ricardo, las tradiciones se vivían con intensidad: comidas caseras, música, festivales y reuniones que fortalecían los lazos familiares y reafirmaban su herencia compartida.

Con el paso del tiempo, la infancia fue cediendo su lugar a la adolescencia. Los juegos despreocupados se transformaron en conversaciones serias sobre el futuro, sobre lo que querían y lo que temían. El mundo a su alrededor seguía siendo exigente, pero en el otro encontraban la fuerza para resistir. Unidos por la historia, los sueños y una promesa no dicha, se volvieron aliados en la travesía hacia un destino que ellos mismos estaban decididos a construir.

CAPÍTULO 3
UN GIRO DEL DESTINO

La amistad entre Mariana y Ricardo había sido su ancla en un mundo en constante cambio. Pero al llegar la adolescencia, esa conexión se transformó en algo más profundo e inefable. Mariana se sentía atraída por la seguridad y la ambición que irradiaba Ricardo, mientras que él encontraba en la fortaleza silenciosa y la determinación de ella una fuente de admiración genuina. Con el tiempo, su vínculo se intensificó, hasta que, una noche templada en la feria del barrio, bajo el parpadeo de las luces y el eco de risas lejanas, sus sentimientos finalmente florecieron. Un primer beso—breve, pero cargado de significado—selló el inicio de un amor que marcaría sus destinos.

A medida que avanzaban hacia la adultez, su relación maduró. Ricardo estaba lleno de sueños y resuelto a abrirse camino en el mundo; Mariana, firme y leal, caminaba a su lado, alentándolo sin reservas. Su amor, tejido con respeto, confianza y resiliencia, se convirtió en un refugio frente a las tormentas de la vida.

Los paseos interminables a la orilla del río Hudson eran su santuario: un espacio donde los sueños se desnudaban en palabras y los miedos se compartían en silencios llenos de comprensión. Año tras año, su conexión se profundizaba, reforzando su fe en que, juntos, podrían trascender cualquier obstáculo.

En el verano de 1977, la ciudad de Nueva York se sumió en la oscuridad tras un apagón masivo que desató el caos en numerosos vecindarios. Pero en medio del desconcierto, el edificio donde vivían se convirtió en un remanso de calma. A diferencia de muchos neoyorquinos sorprendidos por la falta de electricidad, las familias dominicanas estaban preparadas—no por previsión, sino por experiencia. Los apagones eran parte del pasado que habían dejado atrás, y en sus hogares nunca faltaban linternas, velas ni esa resiliencia heredada y bien practicada.

Esa noche, los vecinos se reunieron a la luz de las velas, compartiendo anécdotas, comida y risas. El ritmo del merengue y la bachata, ejecutado con guitarras, güiras, maracas y tambores, llenaba el aire, reconectándolos con sus raíces y apaciguando la tensión. Más allá del caos exterior, hallaron consuelo en la calidez de su comunidad.

Buscando escapar del bullicio en la planta baja, Ricardo y Mariana se sentaron junto a la ventana, contemplando un cielo sin luz artificial, más vasto y misterioso que nunca. Hablaron de sus sueños, de sus temores, del porvenir que anhelaban construir de la mano. Ricardo le prometió que, sin importar los desafíos que aguardaran, los enfrentarían juntos. Fue un momento silencioso pero decisivo, que selló su compromiso y consolidó un amor destinado a perdurar.

•———•

La aceptación de Ricardo en la Universidad Pace marcó la primera vez que estuvieron separados. Decididos a mantener su conexión, se visitaban los fines de semana, sus reencuentros llenos de anhelo y momentos robados. Pero, con el tiempo, Mariana comenzó a sentir la distancia. Ricardo equilibraba clases y trabajo, su agenda dejando poco espacio para la cercanía que siempre habían compartido. Mientras tanto, Mariana permanecía en la ciudad, dividiendo su tiempo entre la universidad comunitaria y un empleo de medio tiempo, sus conversaciones, antes frecuentes, volviéndose escasas.

Entonces, la vida dio un giro inesperado. A pesar de su precaución, Mariana descubrió a los veintiún años que estaba embarazada.

La revelación la dejó tambaleante, alterando los planes que habían trazado con cuidado—el título de Ricardo, las aspiraciones de Mariana—de repente todo parecía incierto. Sentada en su cama, su mente divagaba, repitiendo las palabras del médico: *Estás embarazada*. Aunque lo había sospechado, escuchar la confirmación solidificó una realidad para la que no estaba preparada.

El peso de la noticia era innegable. ¿Cómo reaccionaría Ricardo? ¿Lo vería como un obstáculo o como algo que podrían enfrentar juntos? En la quietud de su habitación, susurró las palabras que pronto tendría que decir.

Cuando llegó el sábado, el golpeteo familiar en la puerta le provocó un escalofrío en el pecho. Se preparó, obligando a su voz a mantenerse serena. Cuando Ricardo entró, su calidez habitual vaciló al notar la incertidumbre en los ojos de Mariana.

—¿Estás bien? —preguntó, con preocupación en su voz.

Mariana le indicó que se sentara, sus manos entrelazadas en su regazo.

—Ric, tengo algo importante que decirte.

Ricardo se inclinó ligeramente hacia adelante.

—¿Pasó algo en la escuela?

—No... No es eso. —Suspiró antes de soltar las palabras de golpe—. Estoy embarazada.

Ricardo se quedó inmóvil, la incredulidad reflejándose en su rostro.

—Espera... ¿Qué? Pero pensé que... —Su voz se apagó, tratando de asimilar el peso de la confesión.

—Lo sé. Fui cuidadosa. Tomé mis anticonceptivos. No sé cómo sucedió, pero sucedió.

Ricardo pasó una mano por su cabello, sus pensamientos atropellándose.

—Mari... Esto lo cambia todo. No esperaba esto. No ahora. Apenas estoy manejando la escuela y el trabajo, y ahora... ¿esto?

El corazón de Mariana se apretó.

—Sé que no es lo que planeamos, pero está sucediendo. Necesito que estés conmigo en esto. No puedo hacerlo sola.

Él exhaló profundamente, su mirada cayendo al suelo.

—Tenía un plan, Mari. Graduarme, conseguir un trabajo, construir un futuro. Esto cambia todo.

La voz de Mariana tembló.

—¿Y lo que planeamos juntos? No elegí esto, Ric. Pero ahora tenemos que encontrar una solución—juntos.

Ricardo la miró, su dolor reflejado en los ojos de Mariana. Lentamente, extendió la mano y la sostuvo con fuerza.

—Lo sé. Solo... necesito tiempo para procesarlo.

En el silencio que siguió, se sentaron lado a lado, el peso del momento extendiéndose entre ellos. Su futuro de repente se había vuelto incierto, obligándolos a enfrentar una realidad que nunca imaginaron.

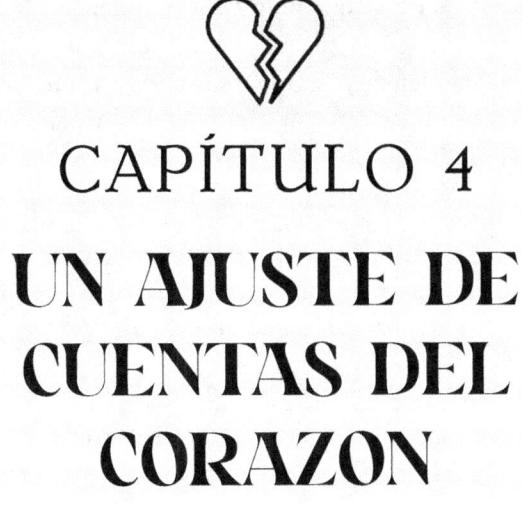

CAPÍTULO 4
UN AJUSTE DE CUENTAS DEL CORAZON

El embarazo inesperado dejó a Mariana y Ricardo atrapados en un torbellino de emociones y expectativas. No fue descuido—fue el destino, obligándolos a enfrentar una realidad que nunca habían anticipado.

Desde niños, habían alimentado incontables sueños, imaginando un futuro construido sobre el amor y las ambiciones compartidas. Sin embargo, ninguno estaba preparado para lo rápido que ese futuro había llegado. Las promesas susurradas bajo cielos estrellados y las aspiraciones moldeadas por el pulso de la ciudad ahora se encontraban bajo la sombra de una verdad que cambiaría sus vidas para siempre.

El peso de las expectativas culturales se cernía sobre ellos. Sabían que sus familias—profundamente arraigadas en la tradición—tendrían opiniones fuertes, intensificando la presión de un camino ya incierto. De pronto, Mariana y Ricardo se vieron obligados a reevaluarlo todo, sus identidades tambaleándose bajo la carga de la responsabilidad. Lo que antes parecía lejano—una vida juntos, una familia—ahora era una realidad que no podían evitar.

Este momento pondría a prueba su amor de maneras que nunca habían imaginado, exigiéndoles una fortaleza que jamás habían tenido que invocar. Mientras la noticia se asentaba entre ellos, guardaron silencio, sus pensamientos chocando contra la inmensidad de lo que se avecinaba.

Para Mariana, la idea de contarle a sus padres le provocaba un dolor agudo en el pecho—sus valores profundamente arraigados convertirían esta conversación en uno de los momentos más difíciles de su vida. Para Ricardo, las expectativas de su familia pendían sobre él como una tormenta. El matrimonio sería la respuesta inevitable, pero ¿estaba listo? El amor nunca fue la cuestión—el compromiso sí. Y más allá del miedo, existía un duelo silencioso por la vida que habían imaginado, por los planes cuidadosamente trazados que ahora parecían inalcanzables.

El murmullo de la ciudad fuera de su ventana se intensificó, un recordatorio de que la vida seguiría adelante, sin importar su incertidumbre. Mariana apretó la mano de Ricardo, su voz apenas un susurro.

—Tenemos que decírselo, Ric. No podemos quedarnos con esto solos.

Ricardo asintió, su mandíbula tensándose.

—Lo sé. Pero no se trata solo de decirles—se trata de sobrevivir a lo que venga después.

Sus miradas se encontraron, su determinación compartida siendo la única certeza en un mar de incertidumbre. Mientras se preparaban para enfrentar a sus familias, el peso de su decisión presionaba entre ellos, inquebrantable.

Esto era solo el comienzo. Su amor, su futuro, sus identidades—todo estaba a punto de ser puesto a prueba.

CAPÍTULO 5
ATADOS POR LA TRADICION Y LAS EXPECTATIVAS

Mariana apretó la mano de Ricardo antes de entrar al apartamento de sus padres. Su corazón latía acelerado, su respiración entrecortada, sabiendo que en cuestión de minutos, todo cambiaría. Ricardo le dio un gesto de seguridad, pero la incertidumbre en su mirada reflejaba la suya propia.

María Ana estaba sentada en la mesa de la cocina, guiando hábilmente una aguja a través de la tela, mientras José Antonio descansaba con su periódico, ajustándose las gafas de vez en cuando. Era una escena familiar, una que siempre había reconfortado a Mariana. Pero esa noche, la tranquilidad era imposible de encontrar.

Ricardo carraspeó, colocándose al lado de Mariana mientras se acercaban a la mesa.

—Don José, Doña María, necesitamos hablar de algo importante.

María Ana dejó de coser, percibiendo la tensión.

—Dios mío, niña, ¿qué pasa? Me estás asustando.

José Antonio bajó su periódico, frunciendo el ceño.

—Habla, muchacha. ¿Qué está pasando?

Mariana tragó con dificultad, su voz temblando.

—Estoy... estoy embarazada.

El impacto recorrió la habitación.

—¡Virgen Santísima! ¿Cómo pudo pasar esto? ¿Qué dirán los vecinos? ¿Qué dirá la iglesia? —exclamó María Ana, llevándose una mano al pecho.

José Antonio se levantó abruptamente.

—¿Embarazada? ¿Y no estás casada? ¿Sabes lo que esto significa para nuestra familia? ¿Para tu futuro?

Ricardo dio un paso adelante, su voz firme pero suplicante.

—Don José, Doña María, asumo toda la responsabilidad. Mariana y yo nos amamos, y enfrentaremos esto juntos.

María Ana lo miró, su frustración mezclada con tristeza.

—El amor no es suficiente, Ricardo. El amor no la protegerá de los murmullos. No borrará la vergüenza.

José Antonio comenzó a caminar de un lado a otro, los puños apretados.

—Te casarás con él. Es la única forma de arreglar esto. Ninguna hija mía criará un hijo fuera del matrimonio.

La voz de Mariana se quebró.

—¿Y si no quiero casarme de inmediato? ¿Y si quiero criar a este bebé por mi cuenta?

—Porque, mi amor, en este mundo, lo que la gente piense puede destruirte —dijo María Ana, su voz temblorosa.

José Antonio suspiró profundamente, su tono resignado.

—Has tomado tu decisión, y ahora debes enfrentar las consecuencias. Estaremos a tu lado, pero esto no será fácil.

Al salir del apartamento esa noche, Ricardo apretó la mano de Mariana.

—Lo superaremos —susurró. Pero Mariana no estaba tan segura.

• — •

La noche siguiente, Ricardo y Mariana entraron en la casa de los Rivera, el peso del momento entre ellos. La casa estaba en silencio—su padre hojeaba el periódico, su madre secaba los platos en la cocina.

Ricardo vaciló antes de tomar aire profundamente.

—Papi... Mami... necesito hablar con ustedes.

Virginia se giró desde el fregadero, secándose las manos.

—¿Qué pasó, hijo? Te ves pálido. ¿Estás bien?

Manuel no bajó el periódico.

—Si esto es sobre dinero o tus calificaciones, no quiero escucharlo.

Ricardo apretó los puños.

—No es eso. Es... algo serio.

Mariana dio un paso adelante, su voz firme.

—Estoy embarazada.

El silencio cayó como un peso.

Virginia retrocedió.

—¡Dios mío! Ricardo, ¿cómo pudiste?

Manuel se levantó de su silla, la furia apretando su mandíbula.

—¿Embarazada? ¿Has perdido la cabeza?

Ricardo puso una mano protectora sobre el hombro de Mariana.

—No lo planeamos, pero la amo. Queremos resolver esto juntos.

Manuel lo miró con dureza.

—¿Resolverlo? Hay una sola forma de arreglar esto—TE CASARÁS con ella.

Virginia enjugó sus lágrimas.

—Tu padre tiene razón. Esto ya no es sobre lo que quieres, Ricardo. Es sobre tu deber—con ella, con tu hijo, con esta familia.

Mariana intervino, su voz fuerte a pesar del temblor en su pecho.

—Sabemos que no es lo ideal, pero necesitamos tiempo para tomar la decisión correcta—no solo la que se espera de nosotros.

Manuel golpeó la mesa.

—No hay tiempo. La boda será antes de que la gente empiece a hablar.

Ricardo apretó la mandíbula, frustrado.

—El matrimonio debería ser una elección, no solo una solución.

Virginia suavizó su expresión, casi suplicante.

—Ricardo, piensa en el panorama completo. Tu hijo merece una familia adecuada. Y no podemos soportar la vergüenza de hacer otra cosa."

El domingo siguiente, ambas familias se reunieron en el modesto apartamento de los Martínez. El ambiente estaba cargado de una tensión densa, casi palpable. Mariana y Ricardo se sentaron uno junto al otro en el sofá, como dos acusados esperando una sentencia inminente. Las voces del vecindario quedaban lejanas, apagadas por el peso del momento.

María Ana, con las manos entrelazadas en su regazo, los miraba con una mezcla de preocupación y resolución.

—Todos sabemos que esto no puede seguir así —dijo con calma, aunque su voz temblaba apenas—. Hay decisiones que no pueden posponerse.

José Antonio asintió con la seriedad de un juez.

—Solo hay una salida correcta. Tienen que casarse antes de que el embarazo sea evidente.

Virginia bajó la mirada y luego suspiró profundamente, moviendo la cabeza con pesar.

—Sé que es lo que se espera... que se casen. Pero forzarlos a tomar esta decisión tan rápido... no será fácil. Aun así, por duro que sea, no estarán solos. Estamos aquí para apoyarles.

Manuel, sentado al borde de su silla, se inclinó hacia adelante con los codos sobre las rodillas, su tono era firme, casi cortante.

—La vida no es fácil, y esto tampoco lo será. Pero es lo que hay. Lo contrario sería una vergüenza que marcaría a ambos... y al niño.

Mariana apretó con fuerza la mano de Ricardo, como si con ese gesto pudiera anclarse a algo que aún les perteneciera.

—Entendemos lo que esperan de nosotros —dijo ella con voz contenida—. Pero... ¿no deberíamos tener voz en cuándo y cómo pasará esto?

María Ana miró a Virginia, buscando apoyo, antes de responder con ternura.

—Mi amor, no queremos arrebatarles su elección. Solo queremos protegerlos. Un hijo necesita estabilidad, una familia... un hogar.

Ricardo se pasó una mano por el rostro, exhalando el aire como si le pesara el pecho.

—Queremos ser responsables, de verdad. Pero casarnos de inmediato no resolverá todo. Necesitamos tiempo para pensar bien cómo enfrentar esto... no solo hacerlo por obligación.

La expresión de Manuel se endureció, sus ojos se clavaron en los de Ricardo.

—¿Crees que el tiempo va a cambiar lo que ya es? Esto es real. Y se resuelve con compromiso, no con dudas. Te casarás con Mariana. Y lo harás pronto.

Un silencio tenso se instaló en la habitación, tan espeso que ni las respiraciones se atrevieron a romperlo. En ese instante, Mariana y Ricardo comprendieron que la decisión ya les había sido arrebatada.

José Antonio se levantó, su postura rígida, la voz sin espacio para réplica.

—29 de marzo de 1980. Esa será la fecha. Empezaremos a organizar la boda desde mañana.

Mariana y Ricardo se miraron, sus ojos hablaban en un idioma sin palabras: dos jóvenes atrapados entre la tradición y el deseo de forjar su propio destino, viendo cómo el futuro que imaginaban juntos se desdibujaba ante ellos, reemplazado por una ruta trazada por otros.

CAPÍTULO 6
UN MATRIMONIO POR OBLIGACION

La boda se llevó a cabo apresuradamente, organizada con urgencia para proteger a sus familias de los chismes antes de que Mariana comenzara a mostrar su embarazo. No hubo tiempo para dudas—solo preparativos dictados por la tradición, dejando a Mariana y Ricardo asfixiados por un futuro que se les imponía.

Su amor, antes lleno de emoción y posibilidades, ahora cargaba el peso de las expectativas. Los días despreocupados de la infancia se habían desvanecido, reemplazados por responsabilidades que ninguno comprendía del todo.

La modesta ceremonia tuvo lugar en un salón comunitario alquilado, envuelto en la esencia de la herencia dominicana: colores vibrantes, aromas intensos y los sonidos del merengue y la salsa flotando en el aire. Un sacerdote de su iglesia local presidió los votos, reforzando la solemnidad del momento.

A pesar de la naturaleza forzada de su unión, sus familias los rodearon con calidez. Los amigos brindaron por su futuro, los platos rebosaban de comida casera, y la música llenó el espacio con celebración. Era una escena alegre—un símbolo de resiliencia, comunidad y orgullo cultural.

Sin embargo, bajo la fachada festiva, la incertidumbre persistía.

Cuando la ceremonia llegó a su fin, Mariana se quedó junto a la puerta, observando cómo los adornos eran lentamente retirados. Las serpentinas y flores que habían dado vida a la sala parecían desvanecerse, dejando solo el suave murmullo de las familias recogiendo sus pertenencias. A su lado, Ricardo permanecía en silencio, mirando por la ventana hacia la oscuridad de la noche. La realidad de su nueva vida comenzaba a caer sobre ellos—más pesada de lo que cualquiera había anticipado.

Su vida como pareja casada no comenzó con la emoción de los recién casados, sino con la abrumadora conciencia de que no estaban preparados para lo que les esperaba. Las responsabilidades del matrimonio y la inminente paternidad se alzaban como una sombra sobre sus vidas jóvenes. Mariana y Ricardo estaban unidos por más que el amor—estaban unidos por las obligaciones culturales y las expectativas que definían su comunidad.

Mientras las últimas notas de música se desvanecían y sus familias comenzaban a retirarse, Mariana y Ricardo intercambiaron una mirada, sus manos entrelazadas pero sus pensamientos en mundos distintos. Lo que les esperaba era incierto, pero por primera vez, sentían que su camino ya no les pertenecía—era propiedad del peso de la tradición, de las expectativas de su comunidad y de las incesantes demandas de la adultez.

Su historia ahora estaba marcada por la tensión entre las aspiraciones personales y el peso de la tradición. Mientras navegaban las aguas inciertas de su inicio forzado, enfrentarían desafíos que pondrían a prueba su amor y compromiso de formas inimaginables. Las obligaciones culturales, las presiones de la paternidad y los sueños no cumplidos de su juventud se entrelazaban, estableciendo el escenario para las luchas y traiciones que estaban por venir.

En medio de estas pruebas, Mariana y Ricardo tendrían que encontrar la manera de equilibrar las expectativas de su comunidad con sus propios deseos y aspiraciones, moldeando su camino entre el amor y el deber.

CAPÍTULO 7
ENTRE EL AMOR Y EL DEBER

••

El primer año de matrimonio fue una transición abrupta, obligando a Mariana y Ricardo a adaptarse rápidamente a las realidades de la adultez. Mariana trabajaba a tiempo completo como recepcionista en un bufete de abogados, su salario era esencial para mantenerlos a flote, mientras Ricardo equilibraba un trabajo de medio tiempo con su último semestre en la universidad. Sus días despreocupados quedaron atrás, reemplazados por presupuestos ajustados, noches inquietas y la presión tácita de demostrar su compromiso como esposo y esposa. Aunque el amor seguía presente, el peso de la responsabilidad a menudo lo eclipsaba, dejándolos preguntándose qué significaba realmente su matrimonio.

Adaptarse a la vida conyugal se convirtió en una aventura y una prueba. Mariana ponía todo su empeño en crear una sensación de normalidad en su pequeño apartamento—colgando cortinas florales, preparando comidas, decorando un cuarto para el bebé con muebles de segunda mano. Mientras tanto, Ricardo cargaba con el peso de las expectativas culturales y la presión inminente de proveer para su creciente familia. El ritmo despreocupado de su juventud dio paso a horarios, obligaciones y la necesidad implícita de demostrar su papel como marido y mujer.

La tensión era inevitable. Mariana lamentaba su libertad perdida, añorando la simplicidad de sus días juveniles, mientras Ricardo luchaba con la frustración de ser empujado prematuramente a la responsabilidad. Palabras afiladas surgían entre ellos, discusiones que estallaban y se disipaban como tormentas de verano. Pero siempre llegaba la reconciliación—la calidez de Mariana y la estabilidad de Ricardo actuaban como el hilo invisible que cosía su frágil vínculo.

La llegada de su primer hijo, Ricky, el 20 de septiembre de 1980, lo cambió todo. La maternidad despertó en Mariana una ternura que no había anticipado, llenando sus días con nanas y la alegría silenciosa de ver a su hijo descubrir el mundo. Los ojos marrones brillantes de Ricky y su risa contagiosa se convirtieron en el centro de su existencia, llevándola a reducir sus horas de trabajo y apoyarse en su madre y su suegra para el cuidado del bebé.

La paternidad pesaba sobre Ricardo con igual intensidad. Cada nueva responsabilidad amplificaba sus dudas, pero en los momentos de quietud—sosteniendo a Ricky después de un largo día, viendo su primera sonrisa—Ricardo comenzó a abrazar el papel que una vez temió. Su orgullo por su hijo lentamente eclipsó sus ansiedades, permitiendo que la paternidad redefiniera su propósito.

Para mayo de 1981, sus sacrificios dieron fruto. Ricardo se graduó de la Universidad Pace con un título en contabilidad, marcando el primer paso real hacia la estabilidad. Mariana resplandecía de orgullo en la ceremonia, y por un momento, sus familias sintieron alivio ante el peso de la lucha. Su título le otorgó una oferta de Morgan Stanley, una prestigiosa firma en Manhattan, prometiendo no solo seguridad financiera, sino el primer destello de oportunidad más allá de la mera supervivencia.

Dos años después, nació su hija Amanda, el 3 de septiembre de 1982, agregando nuevas capas a su dinámica familiar en evolución. Mariana se deleitaba en tener una "mini-yo", vistiendo a Amanda con atuendos a juego, compartiendo momentos de cariño. Ricardo, también, sintió que su propósito se profundizaba—viendo a Ricky asumir instintivamente el papel de protector de su hermana menor.

Para el primer cumpleaños de Amanda, sus ambiciones los llevaron más allá de los límites de su modesto apartamento. Compraron una casa adosada en Mount Vernon, en el condado de Westchester—un símbolo tangible de sacrificio y resiliencia. Era más que solo un hogar. Era la prueba de que sus luchas no habían sido en vano, que las decisiones que nunca quisieron tomar, al final, los habían llevado hacia un futuro construido con perseverancia.

Los primeros años de su matrimonio estuvieron lejos de ser perfectos. Noches sin dormir, tensiones económicas y dudas persistentes pusieron a prueba su amor, pero el optimismo de Mariana y el sentido del deber de Ricardo los mantuvieron avanzando. Las discusiones iban y venían, pero también lo hacía el perdón. La paternidad los llevó más allá de sus límites, pero su vínculo sobrevivió, fortalecido por las experiencias compartidas.

El amor, como habían llegado a entender, no era solo pasión o facilidad—era resistencia. Era la capacidad de tropezar y levantarse, de pelear y reconciliarse, de soñar incluso cuando la realidad parecía implacable.

De pie en el umbral de un nuevo capítulo, su juventud ya no se sentía como una limitación, sino como una inesperada fortaleza. Dudaron, flaquearon y resistieron, pero cada dificultad les enseñó a encontrar gracia en la lucha y esperanza en la incertidumbre.

La risa de Ricky y la mirada curiosa de Amanda llenaban sus días de luz—un recordatorio de que la alegría estaba entretejida incluso en los momentos más difíciles. Su viaje estaba lejos de terminar, pero la base que habían construido—con sacrificio, amor y el coraje de soñar—prometía que el futuro les traería más de lo que jamás habían imaginado.

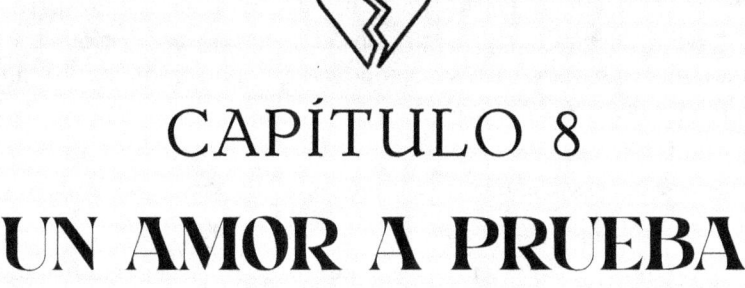

CAPÍTULO 8
UN AMOR A PRUEBA

Mariana siempre había irradiado una presencia innegable—cálida, magnética, de una elegancia natural. Su piel morena, enmarcada por rizos abundantes, complementaba sus ojos almendrados y expresivos, capaces de transmitir lo que las palabras no podían. Pero su belleza nunca fue lo que la definió—fue su resiliencia inquebrantable, su habilidad para encontrar luz incluso en los momentos más oscuros.

Su mundo alguna vez estuvo lleno de baile, música y un optimismo incansable—un espíritu que la acompañó a través de las dificultades de la vida. Criada en una familia dominicana unida en Nueva York, le enseñaron que la bondad, la lealtad y el trabajo duro daban forma a una vida digna de ser vivida. Encontraba alegría en los pequeños detalles—un ramo de flores frescas, la risa resonando en su hogar, la luz del sol derramándose sobre el suelo de la cocina.

Había creído en la estabilidad de su matrimonio, en el amor que había construido con Ricardo. Juntos habían soñado al unísono, imaginando un hogar lleno de calidez, envejeciendo lado a lado. Pero lo que comenzó como un sueño compartido se había transformado en algo distinto—una separación lenta, una distancia que no podía acortar por más que lo intentara.

Ricardo había cambiado. Su paciencia se había desgastado, su calidez reemplazada por una indiferencia silenciosa. Donde antes alentaba el optimismo de Mariana, ahora lo descartaba con suspiros, comentarios mordaces y miradas carentes de ternura. Las conversaciones que antes fluían con facilidad ahora tenían un filo—sus críticas dolían más, su decepción no expresada pero palpable.

Luego vinieron las llamadas nocturnas, los viajes de negocios inesperados, los instantes fugaces en los que su mirada se perdía en la distancia, incluso cuando estaban en la misma habitación. La vida que habían construido—una vez sólida—se volvía frágil, sostenida por mentiras y verdades no dichas.

Mariana, siempre observadora, percibió el cambio. Lo había sentido durante meses—quizás años. Pero nunca se atrevió a enfrentarlo.

Estaba en las pequeñas cosas. Las inconsistencias.

Siempre había sido reservada—alguien que evitaba la confrontación. Nunca expresó sus sospechas, nunca agitó las aguas. Pero esa noche, algo dentro de ella cambió. La sensación que había ignorado, la duda que había silenciado, se volvió imposible de reprimir.

Había visto las señales. Simplemente no había querido creerlas.

Pero ahora, con el murmullo silencioso de la casa envolviéndola y Ricardo fuera de vista, finalmente se hizo la pregunta que había evitado durante demasiado tiempo—¿qué estaba haciendo realmente?

•——•——•

Era una noche común de principios de marzo. El reloj en la pared de la cocina marcaba los segundos mientras Mariana permanecía junto a la estufa, el chisporroteo de la cena llenando el silencio de la casa. El aroma de ajo y caldo hirviendo flotaba en el aire, pero esa noche se sentía más pesado—menos como calidez, más como una obligación.

Sus hijos jugaban en la otra habitación, su risa distante pero reconfortante. Ricardo, como siempre, se había ido a tomar una ducha—otro pequeño escape, otro momento de ausencia.

Conocía bien esta rutina. Pero esa noche, algo la inquietaba.

La tensión silenciosa que había persistido durante meses ahora pesaba más. No había nada evidente, ninguna prueba irrefutable, pero la sensación de que algo estaba mal se había asentado profundamente en su interior.

Cuando Ricardo pasó junto a ella camino al baño, Mariana creyó percibir algo extraño—una fragancia que no le pertenecía ni a ella ni a su hogar. Era tenue, casi esquiva, pero inquietante de todos modos.

Y entonces lo vio—el destello de incomodidad en sus ojos.

Fue breve, apenas perceptible, pero estaba allí—un reflejo culpable antes de que se apresurara al baño más rápido de lo habitual, cerrando la puerta tras de sí.

Mariana se quedó inmóvil, sus manos aferradas al mostrador. ¿Lo habría imaginado? ¿Estaba exagerando?

Pero la duda persistió, volviéndose más aguda con cada segundo que pasaba.

¿Qué estaba ocultando?

●━━━━●

Esperó el momento adecuado, deseando cerrar la distancia que crecía entre ellos como una grieta en la piedra. Una noche, tras acostar a los niños y en medio de una cena silenciosa, Mariana se armó de valor.

—Quiero que volvamos a ser felices —dijo, con una voz medida, pero cargada de vulnerabilidad. Luego, mencionó la idea de acudir a terapia, expresando su deseo de recuperar lo que alguna vez compartieron. Con voz suave pero firme, reafirmó su anhelo de reconstruir su felicidad juntos.

Ricardo apenas alzó la vista.

—No necesitamos terapia —respondió seco, desdeñoso.

Ella se sentó frente a él, anhelando que la mirara, que percibiera el temblor en sus palabras, que notara lo que se había roto entre ellos. Pero Ricardo evitó sus ojos. Como si el solo contacto visual pudiera hacer real lo que ambos sabían y no decían.

El momento se esfumó, absorbido por el silencio que se había vuelto parte del mobiliario. La cena continuó como si nada se hubiera dicho, como si la súplica de ella hubiera sido apenas un ruido en el fondo.

Pese a sus esfuerzos, la distancia entre ellos solo se hizo más evidente. Las noches en la oficina se volvieron rutina. Las conversaciones, escasas. Su presencia era una sombra en casa: estaba ahí, pero no con ella.

Mariana notaba cada cambio: el modo en que evitaba su contacto, la dispersión en su mirada, la forma en que su cuerpo esquivaba el suyo incluso en la cama.

Su intuición le murmuraba verdades incómodas. Las señales eran claras, persistentes. Y sin embargo, cada vez que se acercaba a la verdad, esta se escabullía, disfrazada de excusas, de rutinas, de lo no dicho.

La inquietud se instaló en su pecho como un huésped silencioso. Pero no lo mostraba.

Por las mañanas, su sonrisa era firme. Colocaba los platos con manos seguras, escuchaba las conversaciones de sus hijos, reía cuando debía hacerlo. Su mundo se sostenía gracias a su empeño en mantenerlo intacto.

No permitiría que se derrumbara.

Su dolor se volvió algo cuidadosamente contenido: ordenado, restringido, camuflado entre las costuras de la normalidad. Pero por las noches, cuando la casa dormía, la verdad la apretaba contra el colchón. Silenciosa. Innegable.

Una noche, después de acostar a los niños, Mariana supo que ya no podía seguir ignorando lo evidente.

Se quedó de pie en la sala, iluminada apenas por la lámpara del rincón. Las manos entrelazadas, el corazón golpeando con fuerza contenida.

Ricardo hojeaba unos papeles en el sofá. Su cuerpo inclinado lejos de ella, como si el espacio entre ambos fuera demasiado estrecho para su incomodidad.

Ella respiró hondo.

—Necesito hablar contigo.

Él suspiró sin entusiasmo, apenas levantando la mirada.

—¿Qué pasa ahora?

El tono le cortó el aliento. Pero avanzó.

—Has cambiado.

Ricardo soltó una risa seca, ladeando la cabeza.

—Solo estoy cansado. El trabajo ha sido intenso.

Mariana lo observó con cuidado. Sus dedos crispados en torno al bolígrafo. Su mirada esquiva.

—No es solo el trabajo.

Él exhaló con fastidio.

—Te estás imaginando cosas.

Las palabras dolieron más de lo que estaba dispuesta a admitir. Pero no retrocedió.

—Sé que algo no está bien. Lo veo en tus ojos... o en la forma en que ya no me miras. En cómo caminas junto a mí como si no existiera.

Él se frotó la sien, inquieto.

—No tengo tiempo para esto.

—Siempre tienes tiempo para todo —dijo Mariana, dando un paso más—. Menos para mí.

Un silencio espeso se extendió entre ellos. Ella tragó saliva, obligándose a continuar.

La pregunta se le había alojado en la garganta durante semanas.

—¿Hay alguien más?

Ricardo se tensó. Sus dedos se cerraron, casi imperceptiblemente, alrededor del bolígrafo. La mandíbula se le marcó un segundo. Fue mínimo. Pero ella lo vio.

Él soltó una risa baja, forzada.

—Ves demasiadas películas.

Pero fue demasiado rápido. Demasiado torpe.

Mariana lo supo. No por lo que dijo, sino por lo que evitó decir. Por la prisa con la que quiso terminar la conversación. Por su incomodidad.

Ricardo ya no estaba allí. No con ella. No de verdad.

No se había ido con un portazo, ni con una confesión dramática. Se había ausentado en gestos, en miradas esquivas, en palabras vacías. Se había ido en silencio.

Más tarde esa noche, con la casa dormida y él rendido al sueño, Mariana se sentó al borde de la cama. La espalda recta, las manos cerradas sobre su regazo.

No lloró. Aún no.

Porque llorar era admitir que algo se había perdido. Y todavía no estaba lista para aceptarlo.

•———•

Cuando estaba sola en casa, sentía el peso de sus sospechas presionándole el pecho, pesado e implacable. Las noches se volvían largas, llenas de pensamientos inquietos, buscando señales que había pasado por alto. El silencio entre ellos se había vuelto tan ensordecedor que apagaba todo lo demás—la risa de sus hijos, los ecos de una vida que alguna vez compartieron.

Y lo peor era la duda—la creciente incertidumbre sobre sí misma.

¿Había hecho algo mal? ¿Lo había decepcionado? ¿Se había convertido, sin darse cuenta, en la carga que él parecía resentir?

Su mente luchaba por justificar sus acciones. Estaba cansado. El trabajo era estresante. Tal vez necesitaba espacio. Tal vez todo estaba en su imaginación.

Quería creer esas excusas, pero en el fondo, sabía la verdad.

Aun así, aunque la incertidumbre la consumiera, Mariana se negó a dejar que su dolor se desbordara. Frente a sus hijos, permanecía firme, su voz estable, sus gestos delicados. Cuando Amanda preguntaba si estaba cansada, sonreía. Cuando Ricky la abrazaba con fuerza, lo sostenía cerca, permitiéndose esos fugaces momentos de consuelo. No dejaría que la vieran desmoronarse.

Su sufrimiento pertenecía a los momentos silenciosos—los espacios entre su risa, las noches en las que se quedaba mirando el techo, los segundos robados en la cocina, donde aferraba el mostrador, obligándose a respirar con calma.

Mantenía unida a su familia—porque era lo único que podía controlar.

Vertía amor en cada detalle—las comidas, los cuentos antes de dormir, los pequeños gestos que, quizás, solo quizás, le recordarían a Ricardo la vida que habían construido juntos.

La vida que habían construido con amor.

Pero la esperanza a la que se aferraba comenzaba a sentirse frágil. Inestable. Como algo que se deslizaba entre sus dedos.

Mariana había creído una vez que el amor—pese a sus fracturas—podía resistir.

Pero ahora, sentada en la tenue luz de la cocina, con Ricardo ausente otra vez, ya no estaba segura de que el amor, por sí solo, fuera suficiente.

Su historia estaba cambiando. Pero, ¿cuánto tiempo más podía seguir creyendo en días más luminosos, si Ricardo había dejado de creer en ellos primero?

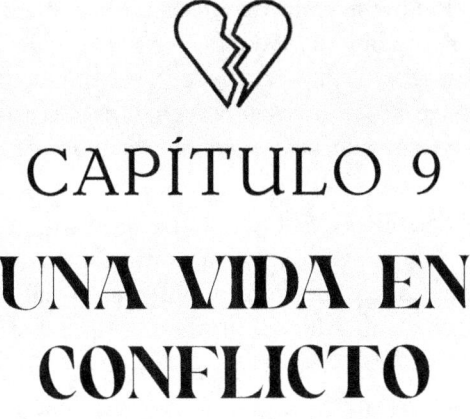

CAPÍTULO 9
UNA VIDA EN CONFLICTO

En la superficie, Ricardo Rivera proyectaba seguridad. Su sola presencia imponía: una autoridad contenida, una mirada precisa, trajes impecables que hablaban de éxito y control. Pero bajo esa fachada cuidadosamente construida, se escondía un hombre atrapado—por expectativas heredadas, por mandatos silenciosos, por el peso de una vida que nunca fue del todo suya.

Desde joven, había sido el hijo ejemplar. El llamado a triunfar. El encargado de llevar sobre los hombros el prestigio de la familia, el proveedor incuestionable, el esposo ideal. Casarse con Mariana no fue una elección del corazón, sino la continuación lógica de un guion preestablecido. Ella era luz, ternura, esperanza—todo lo que él, en algún momento, necesitó. Todo lo que con el tiempo comenzó a incomodarle.

Los primeros años de su matrimonio estuvieron llenos de promesa. Mariana tejía calidez en cada rincón de su pequeño hogar, llenándolo de risas y fe inquebrantable. Ricardo encontraba consuelo en esa alegría, una razón para sostener su papel con orgullo. Pero conforme los años avanzaban, la presión se volvía asfixiante.

Lo que empezó como una alianza se transformó en rutina, en una cadena de responsabilidades que ya no sabía cómo soltar. El optimismo de Mariana—antes su ancla—empezó a parecerle una negación ingenua de la realidad. Mientras ella insistía en que el amor bastaba, él solo veía cuentas, sacrificios y puertas cerradas.

La insatisfacción fue filtrándose en sus gestos. En las críticas sutiles. En la forma en que invalidaba las preocupaciones de Mariana o minimizaba sus deseos. La paciencia se le escapaba, y sus palabras se tornaban filosas, como si el resentimiento buscara salir por cualquier rendija. Le irritaba que Mariana siguiera creyendo, que no viera lo que él veía: una vida que lo consumía.

Y entonces llegó el control. Se aferró con más fuerza al manejo de las finanzas. Tomó decisiones sin consultar. Fue desdibujando la confianza de Mariana a fuerza de comentarios hirientes. Las horas extras en la oficina ya no eran solo trabajo; eran refugio, eran evasión.

Aun así, la culpa lo acompañaba como una sombra silenciosa. Mariana era su compañera, la madre de sus hijos. Le dolía hacerle daño. Pero el amor ya no era lo que había sido. Esa verdad lo carcomía, alimentando un desapego que se volvía cada vez más irreversible.

Cada sacrificio hecho por su familia era una nueva atadura. Cada expectativa no cumplida, una deuda que no lograba pagar. Y así, el hombre que alguna vez compartió sueños y ternura con Mariana se convirtió en su herida más profunda.

Su matrimonio, antes sostenido por la confianza y el afecto, ahora era un campo minado entre la obligación y la resignación. La distancia crecía con cada día, y Ricardo, atrapado entre la vida que construyó y aquella que secretamente anhelaba, ya no sabía cómo reconciliar ambas.

En sus momentos más callados, se preguntaba:

¿Era egoísta querer libertad?

¿O era más cruel quedarse, fingir, negarles a ambos la posibilidad de ser verdaderamente felices?

¿Podía irse sin destruir a Mariana?

Quería creer que había una salida limpia. Que podía seguir adelante sin romperlo todo. Pero, en el fondo, conocía la verdad más cruda:

La vida que deseaba y la vida a la que aún se aferraba no podían coexistir.

CAPÍTULO 10
UN ESCAPE COMPARTIDO

En 1986, la vida de Ricardo Rivera dio un giro inesperado cuando conoció a Isabela Flores, una mujer audaz y magnética, recién incorporada al equipo de su empresa. Desde el primer encuentro, algo en ella alteró el compás de su mundo.

Durante años, Ricardo había cumplido con su papel de proveedor con disciplina férrea. Era el pilar de su hogar, una figura constante que se mantenía firme bajo el peso de las obligaciones. Pero esa constancia tenía un precio: su identidad se había ido diluyendo entre sacrificios silenciosos, rutinas sin pausa y expectativas nunca negociadas. Se miraba al espejo y apenas reconocía al hombre que lo observaba desde el otro lado.

Desde fuera, su vida parecía un ejemplo de éxito. Había ascendido con determinación en la escala corporativa y mantenido un matrimonio estable con Mariana, su compañera desde la juventud. Pero debajo de esa estabilidad aparente, la pasión había sido reemplazada por la rutina, el deseo por la costumbre, y la intimidad por un silencio resignado. La distancia entre ellos ya no era una sensación: era un hecho.

Ricardo había aceptado ese vacío como parte natural de la vida adulta. Pero con la llegada de Isabela, lo inevitable comenzó a parecer evitable.

Ella era todo lo que Mariana no era—no por contraste, sino por naturaleza. Se movía con una seguridad feroz, como si el mundo fuera suyo por derecho. Su energía era eléctrica, su risa contagiosa, su ambición tan afilada como su intuición. No estaba anclada por el deber, sino impulsada por un deseo inagotable de más. Ricardo no solo se sintió atraído: se sintió expuesto. Frente a ella, su propia hambre reprimida salió a la superficie.

Compartían un trasfondo común como inmigrantes, una historia que les ofrecía una conexión tácita. Pero fue su mirada—directa, sin concesiones—lo que lo desarmó. Isabela no veía al ejecutivo consumido por responsabilidades. Veía al hombre detrás del traje: cansado, inquieto, aún capaz de desear.

Su relación comenzó como tantas otras: correos formales, reuniones interminables, madrugadas de trabajo compartido. Pero pronto las miradas se alargaron más de lo necesario, las conversaciones se deslizaron hacia lo personal, y antes de que pudieran nombrarlo, ya estaban cruzando una línea de la que no habría retorno.

Isabela, casada con Daniel Cruz—un hombre correcto, estable, pero emocionalmente ausente—también arrastraba su propio hastío. Bajo su fachada de éxito, había una mujer hambrienta de autenticidad, de intensidad, de algo que no pudiera medir con logros ni reconocimientos. Como Ricardo, anhelaba sentirse viva de nuevo.

Con el tiempo, sus encuentros se volvieron inevitables. Lo que comenzó como una distracción se convirtió en necesidad. En ella, Ricardo encontraba refugio, validación, una versión de sí mismo que creía perdida. Y ella, en él, hallaba complicidad, pasión, un espejo de su propia inconformidad.

No habían planeado una aventura. Pero cuando finalmente se encontraron en una habitación de hotel, vulnerables ante el peso de sus decisiones, entendieron que ya no había vuelta atrás.

La clandestinidad les dio permiso para entregarse sin reservas. Cada instante robado era una chispa, y el riesgo solo alimentaba la intensidad. La familia de Ricardo vivía en Westchester, lejos del ajetreo de la ciudad, mientras Isabela residía en el alto Manhattan—esa distancia geográfica les ofrecía una cobertura peligrosa, casi perfecta.

Los rumores no tardaron en surgir. El ascenso meteórico de Isabela, sus asignaciones privilegiadas, las miradas en los pasillos... La oficina murmuraba, y aunque su talento era incuestionable, el vínculo con Ricardo teñía cada logro con sospecha.

Lo que había comenzado como una atracción disfrazada de admiración se transformó en un vínculo profundo. Conversaciones prolongadas, cenas cargadas de confidencias, llamadas nocturnas en las que el deseo y la ternura se entrelazaban. Su conexión era innegable:

no solo una escapatoria del presente, sino un reflejo del futuro que ambos, en silencio, empezaban a imaginar.

Ricardo se confesó con ella—su insatisfacción, su resentimiento, la sensación de que su vida se había convertido en una serie de concesiones.

—Mereces más —le dijo ella, su voz suave, convincente. Y él quiso creerle.

Las pausas para el café se convirtieron en almuerzos discretos. Los viajes de negocios, en oportunidades. Luego llegó la noche que cambió todo—una habitación de hotel, una decisión tomada en la bruma del deseo y la desilusión. Ricardo sabía que estaba mal, pero con Isabela, sintió algo que no había experimentado en años: ser deseado. Ella reavivó una parte de él que había estado dormida durante demasiado tiempo, y él se aferró a esa sensación con imprudente abandono.

El secreto les permitía entregarse, el riesgo intensificaba la emoción. La familia de Ricardo vivía en Westchester, lejos de la ciudad, mientras la dirección de Isabela en el alto Manhattan añadía otra capa de peligro. Los rumores de favoritismo crecieron a medida que su carrera avanzaba—ascensos rápidos, proyectos de alto perfil que caían en sus manos, todos bajo la atenta mirada de Ricardo.

Sin embargo, mientras Ricardo se hundía más en su relación con Isabela, Mariana seguía siendo un ancla en su realidad. Su resentimiento hacia ella aumentaba; cada interacción se volvía una batalla entre la culpa y la frustración. Desestimó sus intentos de acercarse, ignoró sus propuestas para fortalecer su relación, la culpó por las limitaciones que sentía cerrándose a su alrededor. Se convenció de que Mariana era la causa de su infelicidad, mientras que Isabela—radiante, embriagadora— era su escape.

Desde el principio, tanto Ricardo como Isabela entendían la realidad de sus compromisos. Tenían parejas, y ninguno de los dos tenía la intención de reescribir sus vidas. Su relación no era una promesa, sino un refugio—aquello que les brindaba un respiro momentáneo de sus expectativas sin convertirse en un destino duradero.

Sin embargo, a pesar de la intensidad de su conexión, Ricardo sabía que la devoción de Isabela nunca había estado ligada a la permanencia. Ella ansiaba la emoción, la pasión, el atractivo de lo prohibido, pero nunca hablaba de un futuro más allá de sus encuentros furtivos. Por un tiempo, él tampoco estaba seguro de si quería más. Su relación existía solo en el presente, impulsada por el deseo y marcada por un entendimiento silencioso: ninguno sabía, ni quizás quería saber, hacia dónde los llevaría.

Para Isabela, el amorío fue una rebelión contra los límites de su vida insatisfecha. No sentía orgullo por engañar a su esposo, pero tampoco podía permitirse arrepentirse. Para ella, era más que infidelidad—era una recuperación. Un redescubrimiento de la mujer que había perdido en la monotonía de las obligaciones diarias.

Ricardo llenaba un vacío que Daniel nunca pudo llenar, y la emoción de su conexión era algo que ella se negaba a perder. La relación era tanto sobre reencontrarse a sí misma como sobre Ricardo—sobre reavivar una chispa que creía apagada. Se deleitaba en la atención, en la forma en que Ricardo la veía—no como la esposa de alguien, sino como alguien completamente suya. La validación que él le daba era embriagadora, un recordatorio de la mujer audaz y ambiciosa que había sido.

Y sin embargo, en los momentos de silencio, se preguntaba cuánto de esa mujer era real—cuánto de su deseo era por Ricardo, y cuánto era simplemente la emoción de sentirse deseada.

Por su parte, Ricardo se sentía fragmentado entre dos realidades—la certeza estructurada de su matrimonio y la imprevisibilidad embriagadora de Isabela. La tensión dentro de él aumentaba, como una tormenta que ganaba fuerza, cada momento con ella empujándolo más lejos de la vida en la que una vez confió.

Y aun así, incluso cuando las consecuencias de su traición se volvían más claras, se encontraba incapaz de retroceder.

Todavía, en el silencio que seguía a sus encuentros furtivos, Ricardo habitaba ese espacio entre el deseo y el arrepentimiento—donde ninguna elección se sentía completamente correcta, ni del todo incorrecta.

CAPÍTULO 11
TRAICION EN MANHATTAN

A medida que su relación avanzaba, Ricardo e Isabela encontraron un equilibrio delicado: la familia de Ricardo en Westchester proporcionaba una distancia conveniente, mientras que la dirección de Isabela en el Alto Manhattan añadía un matiz de riesgo. Sin embargo, la precaución no los contenía; al contrario, solo intensificaba la emoción.

Ricardo comenzó a notar cómo el mundo de Isabela se infiltraba lentamente en el suyo: un cabello perdido en su traje, el aroma persistente de su perfume, la forma en que su nombre se le escapaba, casi sin darse cuenta, en conversaciones con colegas. Las líneas entre sus dos vidas comenzaban a desdibujarse, y por primera vez, se preguntó si aquella relación seguía siendo un refugio separado del resto, o si en realidad había comenzado a consumirlo por completo.

El tiempo había transformado su dinámica. La urgencia de los encuentros furtivos dio paso a una expectativa silenciosa. La emoción del secreto aún latía entre ellos, pero preguntas más profundas empezaban a emerger, flotando en el trasfondo como sombras que ninguno se atrevía a nombrar. Ya no eran solo amantes escondiéndose en habitaciones de hotel; estaban atrapados en algo mucho más complejo y difícil de contener.

Fue esa creciente interconexión lo que llevó a Isabela a creer que estaba bien invitar a Ricardo a su apartamento mientras Daniel se encontraba fuera por negocios.

Una noche, en lugar de su habitual y discreta habitación de hotel, Ricardo terminó en el apartamento de Isabela. Daniel estaba fuera de la ciudad, y la rara oportunidad de existir en su mundo—sin la frialdad anónima de los hoteles—era tentadora. Isabela lo había invitado con una mezcla de impulsividad y anhelo, la ilusión de normalidad atrayéndola a pesar de los riesgos.

Pero cuando Ricardo miró alrededor, el peso de su elección se asentó sobre él. Fotos enmarcadas, una camisa cuidadosamente doblada sobre una silla, el aroma tenue de Daniel impregnando el aire—esto era diferente. Más personal. Más imperdonable.

—Este lugar... es suyo —murmuró Ricardo, su voz apenas un susurro.

Isabela tragó saliva, acariciando con la punta de los dedos el borde del cubrecama.

—Lo sé.

Por primera vez, ninguno de los dos se acercó al otro. La realidad de dónde estaban—la casa de Daniel, su cama, su vida—se instaló entre ellos como una sombra invisible.

—No es solo una habitación de hotel —continuó Ricardo, su garganta cerrándose—. Aquí es donde duerme. Donde confía en ti.

La mandíbula de Isabela se tensó, sus dedos cerrándose en su palma.

—¿Crees que no lo sé? —Su voz fue dura, pero la tristeza en sus ojos la traicionó—. Odio que estemos haciendo esto aquí. Pero también odio que no quiera detenerme.

Ricardo dejó escapar un largo suspiro, pasándose una mano por el cabello.

—Yo tampoco quiero.

El silencio se prolongó, sus emociones flotando entre el deseo y la consecuencia. El peso de sus elecciones los presionaba, y la intimidad del entorno hacía que la traición se sintiera aún más absoluta.

Mientras yacían en la cama, la tensión pesada entre ellos, Ricardo encontró su voz mientras miraba el techo. Sus pensamientos estaban cargados de miedos no dichos.

—¿Alguna vez piensas en lo que significa esto? Para ellos... para Mariana, para Daniel? Para todos nosotros? —Su voz era baja, vacilante.

Isabela dudó, su mirada cayendo sobre sus manos.

—Intento no pensar en ello —admitió—. Es más fácil simplemente... vivir el momento. Pero a veces me pregunto—¿y sí? ¿Cómo sería esto realmente? Nosotros... juntos, de verdad juntos.

Ricardo exhaló profundamente, dejando su copa de vino sobre la mesa.

—Quiero creer que es posible. Que, de alguna manera, podríamos hacerlo funcionar. Pero... no sé cómo. Los niños, Mariana... no merecen esto. Y, sin embargo... —Se detuvo, sacudiendo la cabeza—. No sé cómo detenerme.

Su voz se suavizó, con un matiz de vulnerabilidad.

—Yo tampoco sé si puedo parar. Me haces sentir... viva, de una manera que no había sentido en años. Pero, ¿cuál sería el costo? ¿Realmente funcionaría? —Le sostuvo la mirada, buscando respuestas en su rostro—. Se siente tan real cuando estamos juntos, pero fuera de esto... más allá de todo este secreto... no lo sé.

Ricardo la miró, su expresión nublada de incertidumbre.

—Parece imposible. Pero no quiero perderte. No quiero soltar esto, incluso si sé... —Su voz se quebró—. Incluso si sé que es un futuro que podría destruir todo.

Una tenue sonrisa curvó los labios de Isabela, aunque sus ojos permanecieron tristes.

—Yo tampoco quiero soltarlo. Pero, ¿qué estamos persiguiendo realmente? ¿Algo que nunca podrá existir? Me aterra cuánto deseo esto, y cuán imposible se siente al mismo tiempo.

El silencio los envolvió, las palabras flotando entre ellos. El aire estaba cargado de emoción, ninguno dispuesto a soltar el vínculo que los unía, pero ambos conscientes de la frágil realidad que los sostenía.

Después de una larga pausa, la voz de Ricardo rompió la quietud.

—¿Y si ellos se enteran? Mariana, Daniel... ¿qué pasa entonces? ¿Qué les haría esto?

Isabela se tensó, la pregunta la devolvió de golpe a la realidad. Había evitado este pensamiento, ocultándolo en lo más profundo de su mente.

—No lo sé —admitió, con un ligero temblor en la voz—. Intento no pensarlo, pero... lo destruiría todo, ¿verdad?

Ricardo asintió, su expresión marcada por el dolor.

—Mis hijos... si lo supieran... No creo que podría mirarlos a los ojos. La decepción en su mirada... —Se pasó las manos por la cara—. Me digo a mí mismo que soy un buen padre, pero ¿qué clase de padre arriesga la estabilidad de sus hijos por algo como esto?

—No eres un mal padre —respondió Isabela rápidamente, casi a la defensiva—. Y yo no... yo no soy una mala persona. —Su voz se quebró mientras las palabras salían atropelladas—. Pero lo que estamos haciendo es... egoísta. Es imprudente. Y aun así, no puedo hacer que me detenga.

Ricardo suspiró profundamente, sus hombros cayendo pesadamente.

—Yo tampoco. Cada vez que pienso en lo que estoy arriesgando, me digo a mí mismo que será la última vez. Pero luego te veo, y... —La miró, desesperación en su mirada—. No sé cómo dejarte ir.

Isabela cerró los ojos, sintiendo el ardor de las lágrimas que se negaba a dejar caer.

—Tal vez nos estamos mintiendo a nosotros mismos —susurró—. Tal vez esto no es algo con lo que podamos seguir fingiendo que no tendrá consecuencias.

Isabela miró el reloj y susurró:

—Deberíamos irnos. La cena. Ese restaurante que querías probar.

Ricardo asintió, agradecido por el cambio de tema.

—Sí. Vamos.

Mientras salían al aire frío de la noche, la ciudad vibraba a su alrededor, indiferente al peso que presionaba sus pechos. Ricardo pasó una mano por la nuca, sintiendo una inquietud silenciosa asentarse en su interior—una sensación que no podía nombrar del todo.

A mitad de camino por Midtown, la tensión entre ellos persistió, sin resolver pero ignorada.

Y entonces—frenos chirriantes.

El agudo crujido del metal contra el metal los sacudió a ambos. Ricardo apenas tuvo tiempo de reaccionar antes de que su auto chocara con una camioneta de reparto.

Ricardo se giró hacia Isabela, su voz tensa por la preocupación.

—¿Estás bien?

Ella asintió, sacudida pero ilesa, sus ojos abiertos de miedo.

El accidente fue menor—un parachoques abollado y pintura rayada— pero Ricardo sintió el estómago revolverse mientras intercambiaba datos del seguro. Un transeúnte había sido testigo de todo. En el informe policial quedaron registrados los nombres, la información de contacto... y el hecho de que Isabela era su pasajera.

Ricardo le lanzó una mirada mientras volvían al auto, su voz firme pero tensa.

—Yo me encargo. No te preocupes.

Pero ninguno pudo ignorar la sensación de que algo había cambiado—que el mundo cuidadosamente construido alrededor de ellos comenzaba a desmoronarse, grieta por grieta.

CAPÍTULO 12
REVELANDO LA TRAICION

Los ojos de Mariana recorrieron la carta de la compañía de seguros en la quietud de la tarde. Su mente operaba en piloto automático mientras leía los detalles del accidente menor de Ricardo. A simple vista, parecía un incidente trivial—un leve choque, nada fuera de lo común.

Hasta que algo la detuvo.

Un nombre, destacado entre los pasajeros y testigos, rompió la rutina de la lectura: *Isabela Flores.* No solo había presenciado el accidente. Estaba en el auto. Sentada junto a Ricardo. A una hora en la que él no debería haber estado en Midtown.

Una punzada de inquietud se alojó en su pecho, aguda y persistente. ¿Quién era esa mujer? ¿Y por qué estaba con Ricardo, tan tarde en la noche?

Apretó la hoja con fuerza, como si pudiera exprimirle respuestas. El temor que durante años había aprendido a reprimir despertó con fuerza, cobrando forma en cada línea del documento. Volvió a leer, más despacio esta vez, buscando una interpretación inocente. Pero las palabras seguían allí, inmutables. Frías.

Ricardo le había dicho que había trabajado hasta tarde. Que no lo esperara para cenar. Que estaba ocupado con reportes, encerrado en llamadas interminables. Pero el informe del accidente decía otra cosa.

Y esa otra cosa... lo cambiaba todo.

La verdad se desplegó dentro de ella como una tormenta que se alzaba en el horizonte: esto no era solo un accidente. Eran las circunstancias—el lugar, la hora, la compañía—las que resultaban imposibles de ignorar. Había algo premeditado en todo ello. Algo que no podía explicarse con un descuido al volante.

Mariana había pasado años acallando sus intuiciones, suavizando las asperezas de lo inexplicable, confiando en la versión de Ricardo incluso cuando las dudas arañaban la superficie.

Pero esto...

Esto no podía ignorarlo.

Esa noche, decidió abordarlo con calma. No con rabia, sino con precisión. Mientras servía la cena, cada uno de sus movimientos fue contenido, medido, como los pasos antes de una coreografía ensayada. Su mente repasaba las palabras, la entonación exacta.

—Hoy revisé el correo y vi el informe del seguro sobre tu accidente —dijo con un tono suave, casi distraído. Colocó el tazón de ensalada entre ellos y levantó la vista—. Mencionaban a una tal Isabela Flores como testigo. ¿La conoces?

Ricardo alzó la mirada, pero su rostro era una máscara: demasiado neutro, demasiado rápido. Por un instante quedó congelado, el tenedor en el aire. Luego frunció el ceño, fingiendo esfuerzo por recordar.

—¿Isabela Flores? —repitió, como tanteando un nombre extraño—. No... no me suena. Debe haber sido la mujer del otro coche. O alguien que pasaba cerca.

Demasiado rápido. Demasiado ensayado. El tono plano, calculado.

Mariana asintió lentamente. No replicó. Pero por dentro, una certeza helada se instaló con firmeza. Lo conocía. Conocía ese leve retardo en su respuesta, ese desvío apenas perceptible de la mirada.

Estaba mintiendo.

Lo sintió, como una corriente fría que se filtraba bajo las palabras.

Lo que Ricardo no sabía era que ella había omitido un detalle fundamental: el informe no solo mencionaba a Isabela como testigo, sino como pasajera. En su coche. Casi a medianoche.

Esa omisión no fue un descuido. Fue una trampa.

Quería ver hasta dónde llegaría Ricardo. Qué tan lejos mentiría para proteger esa verdad que ya palpitaba con fuerza entre los restos de su silencio.

La conversación murió ahí, pero dentro de Mariana crecía una tormenta silenciosa. Su intuición, tantas veces ignorada, ahora rugía. La negación de Ricardo era una pared de papel. Él creía que ella dejaría pasar el tema, que bastaría con una excusa a medias y una expresión medida.

Pero se equivocaba.

•———————•

Decidida a descubrir la verdad, Mariana tomó una decisión que jamás imaginó necesitar: contrató a un investigador privado. Con la guía telefónica en el regazo, pasó las páginas con dedos tensos hasta que un nombre capturó su atención: *Blue Ridge Investigations*. La oficina estaba convenientemente ubicada a menos de diez millas de su casa, y algo en la sobriedad del nombre le inspiró confianza. Sin pensarlo más, marcó el número y agendó una cita para el día siguiente.

Cuando conoció a Elliot Graves, el investigador principal, le entregó el informe del seguro—la primera pista tangible en una búsqueda que ya había dejado de ser solo una sospecha. Elliot, de rostro sereno y mirada aguda, le sugirió empezar por lo básico: revisar estados de cuenta, recibos y registros telefónicos. Las respuestas, dijo, suelen esconderse a plena vista.

Esa misma tarde, Mariana se sentó en el suelo del cuarto de invitados, con las piernas cruzadas y una caja polvorienta entre las manos. La había guardado años atrás, sin imaginar que algún día se convertiría en evidencia. En su interior, dormían recibos, estados bancarios y papeles de rutina. Pero al llegar a los registros telefónicos, su aliento se detuvo.

Un número de Manhattan aparecía una y otra vez.

Siempre a las mismas horas.

Siempre cuando Ricardo decía estar trabajando desde casa.

No había una excusa válida. No una que no fuera mentira.

Era ella. Tenía que ser ella.

Las pruebas comenzaron a acumularse como piedras en su pecho. Recibos de restaurantes en ciudades donde él nunca mencionó estar. Cargos de hoteles con fechas que coincidían con sus "viajes de negocios". Todo encajaba demasiado bien. Cada dato era una hebra que, entrelazada, revelaba un patrón de traición.

Determinada a tener un panorama completo, Mariana entregó todo a Elliot. El acto se sintió como una violación a su propia intimidad, como si escarbara en lo más profundo de un cuerpo ya herido. Pero

Ricardo le había arrebatado el derecho al pudor. Merecía saber la verdad.

Los días se convirtieron en semanas, cada uno más largo que el anterior. Mariana llenaba su tiempo con rutinas domésticas, pero las dudas eran una sombra constante. ¿Y si estaba equivocada? ¿Y si no encontraba nada? ¿Y si la culpa era suya por sospechar?

Hasta que, una tarde, el teléfono sonó.

La voz tranquila de Elliot rompió el silencio con precisión quirúrgica:

—Lo vimos. Estaba cenando con una mujer, la misma que aparece en el recibo. Confirmamos su identidad: Isabela Flores.

Le dio una cita para el día siguiente. Revisarían los hallazgos en persona.

Esa noche, Mariana no pegó un ojo. La traición dolía, sí, pero lo que más punzaba era la incertidumbre. ¿Era solo una aventura? ¿O se había enamorado? ¿Cuánto tiempo llevaba esto?

A la mañana siguiente, regresó a la oficina de Elliot. Su escritorio estaba cubierto de notas, fotografías y carpetas; el aire olía a café rancio y tensión acumulada.

Elliot le deslizó un sobre manila.

—Aquí está todo. Fotografías. Informes. Fechas. Lo necesario para que veas las cosas con claridad.

Mariana lo abrió con manos temblorosas.

Allí estaban las imágenes: Ricardo e Isabela entrando juntos a un hotel, sus dedos entrelazados, sus sonrisas despreocupadas, como si el mundo no tuviera más peso que ese momento compartido.

Luego, Elliot le entregó un expediente más delgado: información sobre Isabela Flores. Su dirección, número telefónico, y un detalle que heló la sangre de Mariana: estaba casada con un hombre llamado Daniel Cruz.

Cuando lo tomó, él añadió: "Incluí dos copias de todo por si necesitas compartir una."

Ricardo no solo la había traicionado a ella. Había invadido la vida de otra familia.

—Han estado viéndose durante meses —dijo Elliot con voz medida—. Las fechas coinciden con los recibos y llamadas. Esta foto —señaló— fue tomada la semana pasada.

Mariana apenas podía respirar.

—¿Meses...? —murmuró, la voz rota.

Elliot asintió con pesar.

—Sé que no es fácil. Pero ahora conoces toda la verdad.

Los dedos de Mariana se cerraron sobre el expediente con fuerza. Su mundo, cuidadosamente construido sobre la confianza, se desmoronaba con cada palabra. No era un desliz. No era un error de una noche. Era una segunda vida. Paralela. Planeada.

Las noches en que él decía trabajar... no estaba trabajando. Estaba con ella. Sonriendo. Fingiendo.

Por un momento, se quedó inmóvil. Había temido esta verdad por mucho tiempo, enterrándola bajo excusas que aceptaba por amor o por miedo. Pero ahora estaba desnuda ante ella. Innegable.

¿Cómo no lo había visto antes?

¿Cómo había sido tan ciega?

Se recompuso lentamente, tragando la amargura. Esta era su realidad ahora.

Alzó la mirada hacia Elliot.

—Gracias. Tragando con dificultad, Mariana se recompuso. Esta era su realidad. "Gracias por ser tan meticuloso—ahora no hay lugar para la duda. No habría podido descubrir esta evidencia sin tu ayuda."

Él se inclinó un poco, serio.

—¿Qué planeas hacer ahora, Mariana? Sea lo que sea, protégete. Confrontarlo requerirá más fortaleza de la que crees tener.

Mariana sostuvo su mirada, su voz firme. Ella respiró hondo. Su voz fue firme. Casi serena.

—Voy a enfrentarlo. Va a ver todo. Va a entender que esta vez no puede escapar con palabras. Y Daniel también tiene derecho a saber.

●————●————●

El comportamiento de Ricardo en casa solo avivaba la ira de Mariana. Cada noche, él regresaba con una sonrisa casual, le besaba la mejilla y fingía que todo estaba bien. ¿Cómo podía mirarla a los ojos y continuar con la farsa?

Suprimiendo el impulso de confrontarlo de inmediato, Mariana mantuvo su fachada, enmascarando su furia bajo una meticulosa precisión mientras organizaba cada pieza de evidencia con cuidado.

Entonces, llegó el golpe final.

Tropezó con un cajón oculto en el estudio de Ricardo.

Dentro, encontró cartas de amor de Isabela, llenas de detalles íntimos, promesas robadas, planes para un futuro construido sobre mentiras.

La revelación ardió dentro de ella como fuego. Pero el dolor ya no era paralizante—la impulsaba.

Mariana había esperado lo suficiente.

Mañana, confrontaría a Ricardo—armada con una verdad que él no podría tergiversar, pruebas de las que no podría escapar.

Pero esto ya no se trataba solo de él.

Isabela también enfrentaría las consecuencias.

Sus secretos—alguna vez confinados a momentos robados, ocultos bajo susurros de engaño—finalmente saldrían a la luz.

Para mañana por la noche, la ilusión se desmoronaría.

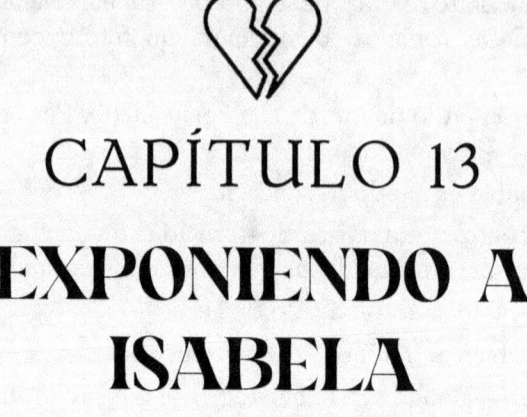

CAPÍTULO 13
EXPONIENDO A ISABELA

Mariana echó un vistazo al asiento trasero a través del espejo retrovisor, el parloteo de sus hijos llenando el coche mientras avanzaban por el alto Manhattan. Había pasado horas debatiendo qué excusa darle a su madre, finalmente optando por una que no despertara sospechas. Fuera lo que fuera que Ricardo e Isabela habían desmoronado en su vida, sus hijos permanecerían protegidos—por ahora.

Al llegar al barrio de su madre, un espacio libre en la calle captó su atención. Se estacionó con cuidado y luego se giró hacia sus hijos con una sonrisa cálida que no reflejaba el torbellino que llevaba dentro.

—Muy bien, niños —dijo con entusiasmo—, ¡Hoy tienen una pijamada en casa de Mamá!

Sus vítores emocionados aliviaron brevemente el peso en su pecho. Mariana salió del coche y los guio hasta la puerta principal, donde su madre los recibió con los brazos abiertos.

—Esto sí que es una sorpresa —dijo su madre, enderezándose y mirándola con leve curiosidad—. ¿Qué te trae por aquí tan de repente?

Mariana dudó solo un instante y luego forzó una risa ligera.

—Lo sé, Mamá. Es solo que Ricardo y yo necesitamos hablar esta noche—cosas de adultos, ya sabes. Presupuesto, horarios... todo ese aburrido asunto de la vida de casados.

Su madre le lanzó una mirada que decía más de lo que Mariana estaba dispuesta a admitir, pero no insistió.

—¿Está todo bien?

—Sí, claro —respondió Mariana rápidamente, alejando la preocupación con un gesto despreocupado—. Son solo cosas que llevamos tiempo queriendo discutir. Pensé que sería más fácil si los niños se quedaban aquí esta noche.

Su madre la estudió con detenimiento antes de asentir finalmente.

—Sabes que siempre estoy aquí para ti, mija. Los niños y yo pasaremos una noche maravillosa.

Mariana se inclinó para abrazarlos con fuerza, saboreando la calidez de sus pequeños brazos rodeando su cuello.

—Gracias, Mamá —susurró—. Los recogeré mañana.

De regreso en el coche, mientras se alejaba del borde de la acera, Mariana exhaló lentamente.

La parte más difícil de su noche aún estaba por venir.

Y no estaba segura de cuán preparada estaba realmente.

●───────●

La casa de piedra rojiza apareció al final de la calle tras un breve trayecto. Mariana estacionó frente a la acera opuesta, apagó el motor y se permitió unos segundos para estabilizar su respiración. Sus ojos se fijaron en la entrada iluminada de la casa de Daniel Cruz.

Había calculado su llegada con precisión. Sabía que Daniel estaría en casa a esa hora.

Inhaló profundamente, recogiendo todo el coraje que le quedaba, y descendió del auto. Cruzó la calle con paso firme, el eco de sus tacones golpeando el pavimento como latidos de su determinación. El aire nocturno acariciaba su piel, pero lo único que sentía era el fuego ardiente en su pecho.

Cuando tocó el timbre, no pasaron más de unos segundos antes de que la puerta se abriera. Daniel estaba allí.

Era más alto de lo que había imaginado, con una expresión abierta pero cautelosa. Vestía jeans y un suéter gris, proyectando una serenidad contenida, casi melancólica. Sus ojos, oscuros y francos, reflejaban una bondad natural que hacía aún más difícil lo que Mariana estaba a punto de decir.

—¿Puedo ayudarte? —preguntó, su voz tranquila, aunque levemente alerta.

Mariana enderezó los hombros.

—Mi nombre es Mariana Martínez. Nunca nos hemos visto, pero tal vez hayas oído hablar de mi esposo, Ricardo Rivera. Trabaja con tu esposa, Isabela.

Daniel frunció el ceño, una sombra de desconcierto cruzándole el rostro.

—Sí... creo que lo ha mencionado. ¿Pasa algo?

El corazón de Mariana se apretó. No había forma fácil de decirlo.

—Tu esposa y mi esposo han estado teniendo una aventura —dijo sin rodeos, mirando directo a sus ojos—. Y creo que tienes derecho a saberlo.

Por un instante, el silencio cayó entre ellos como una losa. Las palabras quedaron suspendidas, pesadas, irreversibles.

El rostro de Daniel se transformó. La incredulidad dio paso al dolor, y luego a una furia que apenas lograba contener.

—¿Qué estás diciendo...? —murmuró, la voz desgarrada por el asombro.

Mariana asintió con gravedad.

—No vengo con suposiciones. Tengo pruebas—recibos, registros, fotografías.

Sacó una carpeta de su bolso y se la tendió.

Daniel la tomó con manos temblorosas, sin apartar los ojos de ella.

—¿Cómo lo descubriste? —preguntó con un hilo de voz—. ¿Estás completamente segura?

Mariana asintió de nuevo, más despacio esta vez.

—Todo comenzó con un accidente menor. Ricardo chocó el auto. El informe del seguro mencionaba a Isabela como pasajera. Cuando le pregunté, fingió no conocerla. Su mentira fue tan torpe... tan ensayada.

Se humedeció los labios, manteniendo la voz firme.

—Después empezó a llegar tarde, a encerrarse en su oficina. Se volvió esquivo. Contraté a un investigador privado porque no podía seguir viviendo con la duda. Y las pruebas no tardaron en aparecer.

Mariana respiró hondo antes de continuar.

—Encontré recibos de hoteles, cargos en restaurantes, compras que nunca llegaron a casa. El registro de llamadas mostraba un número recurrente en Manhattan... el tuyo.

Los ojos de Daniel se abrieron, la revelación desmoronando las defensas que intentaba mantener en pie.

—Una noche, encontré una nota de Isabela en su portafolio. Fue entonces cuando supe, sin ninguna duda.

Abrió la carpeta lentamente. Cada página que pasaba parecía quitarle el aliento. Cerró el archivo con un gesto brusco, los músculos de su mandíbula tensos.

—¿Por qué me traes esto a mí? —preguntó, con voz ronca—. ¿Por qué no enfrentaste a Ricardo o a ella directamente?

—Porque tú también mereces saberlo —respondió Mariana con calma—. Esto no se trata de venganza. Se trata de verdad. Y de respeto por lo que uno construye con alguien más.

Daniel apretó la carpeta contra su pecho.

—No puedo creerlo... —susurró, con la mirada perdida—. Isabela y yo... llevamos tantos años juntos.

Mariana colocó suavemente una mano sobre su brazo.

—Sé lo que sientes. Yo también lo viví. La diferencia es que yo tuve tiempo para digerirlo. Tú no.

Hizo una pausa, dándole espacio a su dolor.

—Esta noche, planeo confrontar a Ricardo. Él necesita ver la verdad. Sin excusas, sin escapatorias.

Sus ojos buscaron los de Daniel.

—Tú puedes hacer lo mismo con Isabela... si te sientes listo. Pero esa es tu decisión. Nadie puede forzarte.

Daniel tragó con esfuerzo, sus pensamientos una tormenta.

—No sé qué decir —admitió con la voz quebrada.

—No tienes que decir nada ahora —susurró Mariana con suavidad—. Solo... toma el tiempo que necesites. Cuando estés listo, sabrás qué hacer.

Se quedaron en silencio por un momento, dos desconocidos, ambos traicionados, compartiendo el mismo abismo.

Finalmente, Mariana dio un paso atrás. Se giró con delicadeza y cruzó la calle, sus tacones marcando el ritmo de una resolución que ya no necesitaba palabras.

Las decisiones de Ricardo e Isabela habían desmoronado su mundo, pero Mariana ya no era solo una espectadora.

Mientras navegaba por las bulliciosas calles de Manhattan, sus pensamientos se dirigían a Ricardo e Isabela—ajenos a la tormenta que se cernía sobre ellos.

Ricardo le había dicho que estaría "trabajando hasta tarde." Ella sabía la verdad.

Esta noche, dos hogares estallarían con verdades demasiado devastadoras para ser ignoradas.

En uno, Ricardo enfrentaría la determinación inquebrantable de Mariana.

En el otro, Isabela vería su doble vida desmoronarse bajo la furia medida y la mirada firme de Daniel.

La simetría era casi poética—dos vidas, dos traiciones, dos ajustes de cuentas.

Las mentiras que los habían mantenido unidos se desmoronarían al mismo tiempo, dejando a ambas parejas frente a los escombros de su traición compartida.

Mariana apretó el volante con fuerza, lista para lo que estaba por venir.

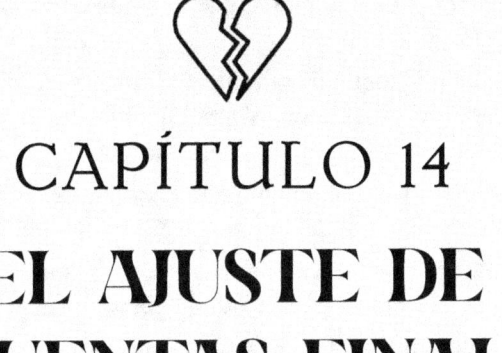

CAPÍTULO 14
EL AJUSTE DE CUENTAS FINAL

Durante seis largos meses, los secretos habían estado hirviendo bajo la superficie, pero esta noche, todo se derrumbaría.

Las pruebas se habían acumulado—cada recibo, cada registro de llamadas, cada fotografía afilando la determinación de Mariana. Más temprano ese día, había confrontado a Daniel Cruz, el esposo de Isabela, asegurándose de que Ricardo e Isabela estuvieran en el trabajo—dándole el espacio para revelar la verdad sin interferencias. La conversación había sido tensa, pero necesaria.

Ahora, cuando caía la noche, la tormenta dentro de ella estaba lista para estallar.

Mariana esperaba en la sala tenuemente iluminada, el archivo sobre la mesa de la cocina como una bomba de tiempo, su resolución como acero. Había terminado con las apariencias, había terminado con el silencio.

Las llaves de Ricardo repicaron en la cerradura—el sonido familiar que alguna vez significó su regreso y le brindó consuelo, ahora solo profundizaba la tensión en el aire.

Esta noche, las ilusiones se desmoronarían y las verdades quedarían al descubierto.

El aire frío del invierno se coló cuando Ricardo abrió la puerta, visiblemente cansado, ignorante del enfrentamiento que le esperaba.

Al notar la ausencia de los niños, colgó su abrigo junto a la puerta y aflojó su corbata.

Ricardo la saludó con su habitual encanto, pero ella estaba tensa. Seguramente, pensó, sería alguna preocupación trivial—una confusión de horarios, un gasto inesperado, nada más.

Pero cuando Mariana se levantó, tranquila, deliberada, algo en su actitud lo inquietó.

—¿Dónde están los niños? —preguntó, mirando a su alrededor, sorprendido por el inusual silencio de la casa.

—Los dejé con mi madre más temprano —respondió Mariana, su tono firme—. Quería que estuviéramos solos. Tengo algo muy delicado que discutir contigo.

Ricardo se congeló a mitad de movimiento, su mano aun sujetando la corbata. Se giró para mirarla, sus ojos entrecerrándose ligeramente al escuchar su tono.

—¿Ahora? Acabo de llegar, Mari. Es tarde y estoy cansado. ¿No podemos hablar de esto mañana? ¿Por qué siempre tienes que exagerar? Sabes que mi trabajo es estresante—y hoy particularmente tuvimos que quedarnos hasta tarde terminando un proyecto. Honestamente, no tengo ganas de esto ahora.

—Sí, Ric, ahora —Mariana avanzó, su mirada fija en la de él—. Y no estoy exagerando. Esto es serio y quiero hablarlo en privado.

La sonrisa burlona de Ricardo se desvaneció. Su confianza se resquebrajó bajo la mirada firme de Mariana.

—Está bien, Mariana —dijo con sarcasmo—, ¿qué es tan importante que tuviste que llevar a los niños con tu madre?

Mariana no respondió inmediatamente. En cambio, hizo un gesto para que la siguiera a la cocina.

—Tengo algo que mostrarte.

Ricardo vaciló, pero la siguió. Su mirada se posó en sus manos, que descansaban sobre una carpeta gruesa en la mesa.

La incomodidad comenzó a reflejarse en su rostro.

Con movimientos lentos, Ricardo se sentó frente a ella, una tensión no dicha pesando entre los dos.

Mariana respiró hondo, preparándose para lo que venía. Sin decir una palabra, deslizó el archivo por la mesa hacia él, sus manos temblorosas traicionando la tormenta dentro de ella.

—Ric —dijo con voz serena, firme—, ¿puedes explicar el contenido de esta carpeta?"

•———————•

La expresión de Ricardo se ensombreció. Por primera vez, parecía captar la gravedad del momento, aunque aún no comprendía el alcance total de la tormenta que Mariana estaba a punto de desatar.

Abrió la carpeta, sus manos temblando apenas mientras escaneaba su contenido. Con cada página, el color desaparecía de su rostro.

Había asumido—no, contado con—la confianza ciega de Mariana. Se suponía que ella aceptaría sus noches largas sin cuestionarlas, que permanecería felizmente ajena a todo lo que él había diseñado cuidadosamente para ella.

Pero ahora, ahí estaba, presentándole las pruebas con calma. Pruebas que él nunca imaginó que ella buscaría.

Cuando finalmente levantó la mirada, la verdad era asfixiantemente clara.

La había subestimado.

Y ahora, no le quedaban movimientos.

•———————•

Mariana mantuvo la compostura, un contraste inquietante con la tormenta que Ricardo había anticipado. Ni un solo temblor en su voz, ni un destello de devastación en su mirada.

Si algo, irradiaba la calma escalofriante de alguien que ya había contemplado cada posible desenlace y elegido su próximo movimiento.

Ricardo sintió una opresión desconocida en el pecho mientras la observaba.

Esta no era la Mariana que había dado por sentado—la esposa fiel y complaciente, que había aceptado sus ausencias sin quejas, que cada mañana preparaba su café y suavizaba los bordes de su mundo sin pedir espacio para sí misma.

Había sido predecible, confiable, agradecida por la vida que él le daba.

O al menos, eso creía.

Pero esta noche, todo era diferente.

La forma en que se mantenía firme, la manera en que sostenía su mirada sin vacilar—no era sumisión. No era resignación. Era control.

Su culpa era innegable.

Pero Mariana se negaba a dejarse influenciar por su aparente remordimiento.

No permitiría ser manipulada—el archivo hablaba por sí solo.

•——•

Ricardo revisó frenéticamente los documentos, pasando las páginas demasiado rápido, como si buscara una salida—cualquier cosa que pudiera suavizar la realidad ante él. Su mandíbula se tensó, sus dedos aferrándose con fuerza a los bordes del archivo.

—Veo que contrataste a un investigador privado —su voz era rígida, cargada de una compostura forzada—. Usando mi propio dinero en mi contra.

Su mirada se endureció.

—¿Me has estado espiando?

Mariana ni siquiera pestañeó.

—Contraté a alguien para descubrir la verdad que te negaste a decirme. Y, por cierto, Ricardo—es nuestro dinero.

Dio un paso adelante, su voz firme, cortando la tensión entre ellos.

—El hecho de que me quede en casa con nuestros hijos no significa que no lo haya ganado. Cada dólar que tú generas está construido sobre los cimientos de esta familia—sobre las comidas que cocino, los horarios que mantengo, los sacrificios que hago para que puedas enfocarte en tu carrera.

—No tendrías ese éxito sin mí sosteniendo todo en pie.

Su mirada se afiló.

—Así que no te atrevas a actuar como si hubiera usado tu dinero. Solo tomé lo que siempre fue mitad mío.

Ricardo bufó, sacudiendo la cabeza.

—Fuiste más allá de lo necesario para—

—Protegerme —Mariana lo interrumpió—. Para proteger a nuestra familia de tu engaño.

Ricardo se pasó una mano por el rostro, su frustración latente.

El remordimiento que había quebrado su confianza unos instantes atrás comenzaba a endurecerse en ira.

—No puedo creer que hicieras esto —murmuró, reclinándose en la silla—. No tenías derecho a indagar en mi vida personal.

Mariana dejó escapar una risa afilada, incrédula.

—¿Vida personal? ¿Te refieres a nuestra vida, Ricardo?

La vida que construimos juntos.

La vida que destrozaste a mis espaldas.

Se acercó, su enojo creciendo ahora, sin restricciones.

—Perdiste el derecho a la privacidad en el momento en que convertiste nuestro matrimonio en una mentira.

—Así que no te sientes ahí a fingir que eres la víctima.

Esto no es solo sobre ti—esto es sobre mí, sobre nuestros hijos, sobre nuestro futuro.

—Y tú lo echaste a perder.

Ricardo exhaló, la exasperación desplazando su culpa.

—Escucha, Mari, yo...

—Ah, y, por cierto —lo interrumpió, su tono cortante y deliberado—, hoy pasé a visitar a Daniel Cruz.

—Creo que lo conoces como el esposo de Isabela.

El rostro de Ricardo perdió todo color, el nombre golpeándolo como un trueno.

Sus labios se separaron, pero ninguna palabra salió.

El silencio atónito decía más que cualquier cosa.

Mariana lo dejó permanecer en ese vacío, permitiéndole sentir el peso de lo que había hecho—antes de seguir adelante.

—No solo le conté todo, sino que le entregué una copia de todas las pruebas que el investigador privado había descubierto.

—La aventura. Las mentiras.

—Él sabe sobre ti e Isabela.

—Pensé que merecía saber la verdad en lugar de vivir en la ignorancia.

La compostura de Ricardo se desmoronó.

—¿Por qué harías eso? —Su voz era filosa ahora—furiosa.

—Esto es entre nosotros.

—No tenías derecho a arrastrar a Daniel e Isabela en esto.

Los ojos de Mariana relampaguearon.

—¿No tenía derecho? —Las palabras ardieron, su voz elevándose.

—¿Pensaste en mis derechos, Ricardo?

—Cuando me mentiste.

—Cuando traicionaste nuestro matrimonio y a nuestra familia.

—Daniel tenía derecho a saberlo, al igual que yo.

Ricardo se apartó de la mesa, ahora paseando de un lado a otro, agitado.

—Nos has humillado a los dos—¿entiendes eso siquiera?

—No solo me expusiste a mí, destruiste la vida de Isabela también.

—¿Qué clase de persona hace eso?

Mariana se puso de pie, su voz afilada e implacable.

—Oh, ¿lo siento?

—¿Estás molesto porque este desastre que tú creaste tiene consecuencias?

Ricardo detuvo su paso, su ira hirviendo bajo la superficie.

Por primera vez en toda la noche, entendió—no había salida.

•————•

Ricardo vaciló, el pánico asomándose en su expresión.

—Mari, espera—

—No, tú espera —lo interrumpió, su voz cortante y firme.

—No puedes tergiversar esto.

—No puedes manipular tu salida de esto.

—He visto los recibos, las notas, las fotos—lo sé todo, Ricardo.

Las lágrimas llenaron los ojos de Mariana, pero se negó a permitir que debilitaran su voz.

—¿Cómo pudiste hacernos esto?

—Desde que te conocí a los ocho años, has sido el único amor que he conocido.

—Esta traición duele más de lo que jamás podrías comprender.

Ricardo apartó la mirada, la culpa marcada profundamente en su rostro.

—No quería que sucediera así. Simplemente... pasó.

Mariana inhaló con fuerza, la incredulidad y el dolor inundando su voz.

—¿Simplemente pasó?

—No caes accidentalmente en los brazos de otra persona, Ricardo.

—Esto no fue un desliz—fue una elección.

—Una decisión que tomaste una y otra vez.

—¿Siquiera comprendes el dolor que has causado?

Ricardo exhaló, su voz apenas un susurro.

—Lo siento, Mari. No me di cuenta...

Mariana lo interrumpió, su tono lleno de emoción.

—¿Lo sientes?

Una risa amarga escapó de sus labios.

—El 'lo siento' no arregla esto.

—No se trata solo de la pérdida de nuestro matrimonio.

—Se trata de perder a mi mejor amigo, mi confidente, la persona que ha estado a mi lado por veinte años.

—¿Cómo se supone que siga adelante con eso?

Ricardo se quedó ahí, incapaz de mirarla a los ojos, el peso de su culpa hundiéndolo.

—No sé qué decir...

Mariana su voz se quebró, cruda con angustia.

—No hay nada que puedas decir.

—He llorado un millón de lágrimas desde que descubrí la verdad.

—Mis sueños, mis esperanzas, mi futuro—todos se hicieron añicos a la vez.

—¿Y crees que un simple "lo siento" es suficiente para arreglarlo?

Ricardo suspiró profundamente, sus hombros cayendo como si el peso de su doble vida finalmente lo estuviera aplastando. "Sé que te he lastimado profundamente, y por eso, lo siento de verdad. Pero no puedo cambiar lo que he hecho."

Mariana endureció su resolución.

—No, no puedes cambiar lo que has hecho.

—Y tendré que vivir con eso cada día.

—Pero encontraré la manera de reconstruir mi vida—contigo o sin ti.

•━━━•

La confrontación se sintió como el inicio de una guerra amarga.

El instinto inicial de Ricardo de negar se había derrumbado ante las pruebas irrefutables frente a él—fotos, registros financieros, cada uno desgarrando sus defensas.

Su rostro se contorsionó con culpa y frustración, pero Mariana no vaciló. Ella ya había tomado una decisión.

La habitación se volvió pesada con palabras no dichas.

Ricardo abrió la boca, la desesperación chispeando en sus ojos, pero Mariana lo cortó con una mirada inquebrantable.

—Estoy cansada de intentar arreglar algo que tú ya destruiste —dijo, su voz serena pero resuelta.

—Voy a solicitar el divorcio.

—No intentes detenerme. No intentes explicarte. Esto se acabó, Ricardo.

Ricardo se hundió aún más en su asiento, sus hombros doblándose bajo el peso de sus palabras.

Parecía un hombre derrotado, pero Mariana no sintió lástima.

Había cargado con el peso de su traición por demasiado tiempo.

Ahora era su turno de soportarlo.

Por un largo momento, el silencio se extendió entre ellos, espeso con la certeza del final.

Sin ira. Sin protesta.

Solo el colapso silencioso de todo lo que una vez los mantuvo unidos.

Luego, sin decir ni una palabra más, Mariana se dirigió a la habitación, sus pasos resonando suavemente en la quietud hueca de la casa.

Cerró la puerta detrás de ella y se apoyó contra ella, exhalando temblorosamente mientras la quietud la envolvía como un escudo.

El dolor de la traición aún ardía, pero debajo de él, una nueva certeza había comenzado a arraigarse.

Mañana traería una confrontación aún más difícil, una que exigiría toda su fuerza.

Su familia siempre había sostenido ideales de unidad, instándola a preservar un hogar que suponían intacto.

Pero la preservación era imposible cuando los cimientos ya se habían derrumbado.

La traición no solo destrozaría sus ilusiones—destrozaría las de ellos también.

Sentada en el borde de la cama, los pensamientos de Mariana vagaron hacia las preguntas que más la atormentaban.

¿Qué significaría esta ruptura para sus hijos, atrapados en el fuego cruzado de elecciones y consecuencias que ellos no habían hecho?

La idea era un peso que nunca podría soltar del todo, pero también era la fuerza que la mantenía firme.

Ellos merecían una madre que enfrentara la verdad—sin importar lo dolorosa que fuera—y que tomara decisiones basadas en amor y fortaleza.

La traición de Ricardo había fracturado su mundo, pero en su estela, también le había dado claridad.

Y la claridad era algo que Mariana se negaba a dejar escapar.

La traición pudo haber fragmentado su mundo, pero también le había dado claridad—y estaba decidida a usarla, incluso ante la angustia y la incertidumbre.

CAPÍTULO 15
ROMPIENDO LA ILUSION

La luz de la mañana se derramaba sobre el pavimento mientras Mariana se acercaba al apartamento de sus padres, pero el calor del sol le parecía burlón—un cruel contraste con la amarga verdad que cargaba.

Su familia siempre había creído en Ricardo. No era solo su yerno; había sido parte de sus vidas desde la infancia, tejido en el corazón de la familia como si fuera uno de los suyos. Lo habían visto crecer junto a Mariana, lo habían recibido en su hogar con los brazos abiertos, lo habían tratado como a un hijo. Confiaban en él. Lo querían.

Confiaban en la ilusión. Hoy, ella iba a destrozarla.

Había hecho la llamada en el camino, pidiendo a sus hermanas mayores, Alejandra y Sonia, que se reunieran con ella en el apartamento de sus padres, diciéndoles que tenía algo importante que compartir. No quería que esta conversación se extendiera durante días, susurrada entre distintos miembros de la familia. Tenían que escucharlo juntas, todas a la vez, y ver cómo su percepción de Ricardo se desmoronaba en tiempo real.

Cuando llegó a la puerta familiar, el aroma del café con leche flotaba en el pasillo, removiendo recuerdos que ya no le brindaban consuelo. La casa donde siempre se había sentido segura—el hogar donde aprendió el significado de la familia, de la lealtad—pronto sería el escenario de su verdad más difícil.

Inspirando profundamente para darse valor, empujó la puerta y entró.

La voz de Papá, cálida y familiar, la saludó al instante. "Mija, estás aquí." Se levantó de su silla, su sonrisa amable intacta, aún ajena a la devastación que estaba por presenciar.

No por mucho tiempo.

Mamá apareció desde la cocina, secándose las manos con una toalla, sus ojos brillando de amor—completamente ajena al hecho de que hoy todo lo que creían saber cambiaría para siempre.

Antes de que Mariana pudiera adentrarse por completo en la sala, Alejandra y Sonia se giraron hacia ella, intercambiando una mirada rápida. Sonia levantó las cejas con preocupación, mientras Alejandra fruncía un poco el ceño, con los brazos cruzados.

Siempre habían sido protectoras con ella, su hermana menor—la que habían intentado resguardar del desamor, de las dificultades, de cualquier cosa que amenazara con quebrar su espíritu. Y ahora, ella traía una verdad de la que ni siquiera ellas podían protegerla.

"Sonabas críptica por teléfono," murmuró Sonia, buscando respuestas en la expresión de Mariana. "¿Qué está pasando?"

Alejandra asintió, su voz más firme. "Nunca nos pides que nos reunamos en casa de Mamá y Papá así. ¿Qué es tan importante que no podía esperar?"

Sus reacciones—una cautelosa, otra escéptica—hicieron que el estómago de Mariana se tensara. Ya no se trataba solo de Ricardo. Esto iba más allá de su matrimonio.

Se obligó a respirar con calma y dio un paso al frente.

Por un instante fugaz, el aroma del perfume de su madre y el abrazo fuerte pero reconfortante de su padre la hicieron sentir como una niña otra vez, protegida dentro de sus paredes.

Pero esa ilusión ya comenzaba a desmoronarse.

•────•

—¡Ricky! ¡Amanda! ¡Vengan a saludar a Mami! —llamó Mamá, justo cuando el sonido de pequeños pies apresurados resonó por el pasillo.

—¡Mami! —exclamó Ricky mientras corría hacia ella, sus pequeños brazos abiertos de par en par.

Mariana se agachó para abrazarlo, su risa aliviando momentáneamente el dolor en su pecho.

Amanda lo siguió de cerca, aferrando con fuerza un conejito de peluche contra su pecho.

—¡Estás aquí! —chilló Amanda, envolviendo sus brazos alrededor de la pierna de Mariana.

—Estoy aquí, mis amores —susurró Mariana, revolviendo el cabello de Ricky mientras besaba la mejilla de Amanda.

—¿Adivinen qué? Papa y Mama me dejaron poner sus caricaturas favoritas en su cuarto —dijo mientras guiaba a sus hijos a la habitación, preparando su programa.

Amanda corrió hacia la cama, aún aferrada a su peluche.

—¿Podemos ver Alvin y las Ardillas, Mami? —preguntó Ricky, sus ojos iluminándose.

—Por supuesto, mi amor —respondió Mariana, forzando una pequeña sonrisa mientras pasaba los canales.

Se arrodilló a su lado, alisando los rizos de Amanda.

—Necesito hablar con Papa y Mama, y con las tías por un rato, ¿de acuerdo?

—Pueden quedarse aquí y ver tantos episodios como quieran.

Ricky apenas levantó la vista, ya absorto en los colores brillantes de la pantalla.

—Está bien, Mami.

Mariana se quedó un momento, observándolos reír.

Ellos aún no estaban tocados por la tormenta que reestructuraría su familia para siempre.

Pero Mariana los llevaría a través de ella.

Se levantó, cerrando la puerta de la habitación detrás de ella, sellándolos en el refugio de la infancia mientras ella entraba en la tormenta.

Quería protegerlos del caos que se desmoronaba a su alrededor, pero sabía que ese momento llegaría—el instante en que las explicaciones reemplazarían las distracciones, cuando la verdad exigiría ser contada.

Por ahora, necesitaban el consuelo simple de las caricaturas y la seguridad inquebrantable de la habitación de sus abuelos.

En la sala, sus padres esperaban, sus miradas cargadas de preocupación. Sonia y Alejandra estaban cerca, su protección evidente en cada mirada y movimiento.

Alejandra se encontraba junto a la ventana, los brazos cruzados, la expresión inescrutable. Sonia, sentada junto a Mamá, ya parecía inquieta—Mariana ni siquiera necesitaba hablar. Sonia lo sentía.

Mariana tragó saliva, esforzándose por mantener la voz firme. "Mamá, Papá, Alejandra, Sonia... necesito hablar con ustedes sobre algo importante."

Maria Ana frunció el ceño. "¿Qué pasó, mi hija? Estás muy seria."

José Antonio bajó el periódico, su mirada afilada estrechándose. "¿Qué pasa, muchacha? Dilo ya."

La boca de Mariana se secó.

Miró a sus hermanas. Los labios de Alejandra se apretaron. Sonia se removió, ya nerviosa.

"Hay algo que necesitan saber... sobre Ricardo."

El ambiente cambió.

Papá se incorporó, sus brazos rígidos sobre la silla. "¿Qué pasa con él? ¿Hizo algo? ¿A los niños? ¿Qué está pasando?"

Maria Ana apretó su servilleta. "Ay, Dios mío, Mariana. Dilo ya."

Respirando hondo, Mariana lo dejó caer—el secreto, la traición, el derrumbe de todo lo que creían conocer.

"Me ha sido infiel."

El silencio golpeó la atmósfera como una tormenta a punto de desatarse.

Las manos de Maria Ana volaron a su boca, su respiración entrecortada e inestable. La mandíbula de José Antonio se tensó, sus nudillos volviéndose blancos.

Sonia jadeó, mientras Alejandra exhaló con fuerza, sacudiendo la cabeza.

La voz de José Antonio salió baja, hirviente. "¿Cómo es posible? Después de todo lo que has hecho por él."

Maria Ana se levantó, cruzó la habitación y agarró las manos de Mariana. "Mi niña... ¿Desde cuándo?"

Mariana se obligó a continuar, aunque su voz se quebró. "Tenía sospechas desde hace tiempo. Luego encontré pruebas—recibos... incluso fotos. Ha estado con una mujer de su trabajo."

José Antonio se puso de pie abruptamente. Imponente. Furioso. Traicionado.

"¡Sinvergüenza!" Su voz tronó, el eco sacudiendo a Mariana hasta la médula. "Ese hombre no tiene respeto—ni por ti, ni por nosotros, ni por esta familia."

Sonia se enjugó los ojos. "No puedo creerlo... Mari, yo—"

Alejandra resopló. "¿Ya se lo dijiste?"

Mariana asintió. "Lo confronté anoche. No lo negó."

Alejandra volvió a resoplar. "Cobarde."

José Antonio empezó a caminar de un lado a otro, la ira brotando de él en oleadas. "Debí haberlo sabido. Debí ver las señales. Siempre me pareció demasiado encantador. Nos engañó a todos."

"Papá, por favor." La voz de Mariana titubeó, pero continuó. "No les digo esto para causar más dolor—lo digo porque he decidido dejarlo."

El agarre de Maria Ana se intensificó. "¿Dejarlo? Mariana, ¿estás segura? ¿Y los niños? ¿Y los votos que hiciste ante Dios?"

José Antonio fue el primero en responder, su voz firme. "Rompió esos votos en el momento en que tocó a otra mujer."

Alejandra no dudó. "Bien por ti. Te mereces algo mejor."

Sonia agarró el brazo de Mariana, su voz suave pero urgente. "Pero... ¿estás lista para esto?"

Las lágrimas de Mariana fluyeron libremente ahora mientras la bombardeaban con preguntas—preguntas que había pasado meses haciéndose a sí misma. Pero su voz no vaciló.

"He pensado en Ricky y Amanda. He pensado en lo que esto significa, en lo que requerirá seguir adelante sola. Pero, más que nada, he pensado en mí. No puedo quedarme en un matrimonio donde no hay confianza, ni respeto. Mis hijos merecen ver a su madre fuerte, no rota."

Maria Ana la abrazó con fuerza, sus sollozos suaves pero incesantes. "Eres más fuerte de lo que yo jamás fui."

José Antonio dejó de caminar, su rostro cansado. "Si esto es lo que has decidido, estamos contigo. Tienes nuestro apoyo total."

Sonia se enjugó los ojos. "Te ayudaremos, Mari."

Alejandra asintió. "No estás sola."

Mientras Mariana se limpiaba las últimas lágrimas, miró a sus padres, su voz ahora más suave pero firme. "¿Podrían cuidar a Ricky y Amanda unos días?"

Maria Ana asintió de inmediato, apretando la mano de Mariana. "Por supuesto, mi amor. Tú enfócate en lo que necesitas hacer."

José Antonio le puso una mano firme en el hombro. "Ni siquiera tienes que pedirlo. Nos encargaremos de todo."

Sonia tocó el brazo de Mariana, su gesto delicado. "También ayudaremos. Lo que necesites."

Alejandra hizo un leve gesto con la cabeza. "Puedo recogerlos de la escuela, llevarlos a pasear cuando necesites espacio—lo que sea. Sólo dime."

Mariana parpadeó, conteniendo nuevas lágrimas, abrumada por el peso de su apoyo. Había cargado con este dolor sola durante meses, pero ya no tenía que hacerlo.

Sin titubear, su familia la envolvió en un abrazo fuerte, cálido, firme. Era el tipo de abrazo que susurraba consuelo, el que recordaba que no estaba sola. El que le daba la fuerza que necesitaría en los días por venir.

Mariana respiró hondo y se apartó, dirigiéndose al pasillo familiar que llevaba a la habitación de sus padres. Dentro, los niños estaban sentados con las piernas cruzadas en la cama, su risa apagándose cuando la vieron entrar. Se arrodilló junto a ellos, deslizando una mano sobre el cabello de su hijo antes de encontrarse con sus ojos grandes y curiosos.

—Mami tiene que irse por un tiempo —dijo con suavidad—. Se quedarán aquí con mamá y papá solo unos días. Papi y yo tenemos que resolver algunas cosas en casa.

Su hija frunció el ceño, sus pequeños dedos juguetando con la tela de la manta.

—¿Pero volverás pronto?

Mariana obligó a una sonrisa tranquilizadora, besando su frente.

—Por supuesto. Se divertirán aquí, y antes de que se den cuenta, estaremos juntos de nuevo.

Aunque la incertidumbre seguía reflejada en sus expresiones, asintieron, aceptando sus palabras. Mariana los abrazó con fuerza, saboreando su calidez antes de ponerse de pie, con el corazón pesado pero decidido.

Cuando finalmente salió al fresco aire nocturno, se detuvo, mirando hacia el cielo.

La risa de sus hijos resonó en su memoria, su alegría intacta a pesar de la devastación. Eran la razón por la que había dicho la verdad. Eran la razón por la que reconstruiría.

Y por primera vez, Mariana se sintió lo suficientemente ligera como para respirar.

CAPÍTULO 16
UNA TRAICION IMPERDONABLE

Ricardo se encontraba fuera del edificio de apartamentos de sus padres, el aire frío de la noche mordiendo su piel, pero el escalofrío no era nada comparado con el temor que retorcía su estómago.

Las ventanas iluminadas alguna vez fueron un refugio—un faro guiándolo de regreso a casa después de largas jornadas, un lugar donde la calidez y la familiaridad lo esperaban al otro lado de la puerta.

No esta noche.

Esta noche, esa luz le parecía burlona, iluminando el camino hacia el juicio. Hacia la vergüenza. Hacia la decepción de su familia, que pesaría más que cualquier otra cosa que hubiera sentido antes.

Durante semanas—meses—su mundo había estado colapsando bajo el peso de sus decisiones. Se había dicho a sí mismo que se estaba ahogando en el trabajo, en las responsabilidades, en el agotamiento. Pero la verdad era más simple.

No se estaba ahogando. Estaba huyendo.

Huyendo de Mariana. Huyendo de sus hijos. Huyendo del compromiso que había prometido mantener.

Huyendo de la familia que siempre había tratado a Mariana como una de los suyos.

Pero ahora, no quedaba ningún lugar al que correr.

El golpe en la puerta resonó más fuerte de lo que debería.

Virginia la abrió casi de inmediato, su expresión suavizándose en una sonrisa—una que desapareció en cuanto vio su rostro.

"Ricardo, hijo... ¿Qué pasa?" Su voz estaba teñida de preocupación mientras se hacía a un lado para dejarlo entrar.

Ricardo pasó junto a ella, escaneando el espacio familiar—los pisos de madera relucientes que su madre mantenía pulidos, el aroma tenue de su cocina flotando en el aire, el sonido constante del reloj en la pared. Era el mismo hogar, pero esta noche, se sentía como territorio desconocido.

Su padre, Manuel, estaba sentado en su silla favorita junto a la ventana, las gafas de lectura en el puente de su nariz. Dobló su periódico con cuidado deliberado y levantó la mirada, su expresión afilada, expectante.

"Ricardo." El tono de Manuel era medido pero firme. "¿Qué te trae aquí a esta hora? ¿Está todo bien?"

Ricardo vaciló, sus manos hundiéndose más en sus bolsillos. Las paredes parecían cerrarse sobre él, los muebles que antes le resultaban reconfortantes ahora lo presionaban como un peso.

"Necesito hablar con ustedes." Su voz estaba tensa. "Es... serio."

Virginia le hizo un gesto hacia el sofá, sentándose a su lado, con las manos entrelazadas. Sus ojos preocupados nunca abandonaron su rostro.

Manuel se inclinó hacia adelante, apoyando los codos en las rodillas.

"¿Qué está pasando, muchacho?" Su voz era firme pero autoritaria. "Dilo ya."

●━━━━━●

Ricardo se miró las manos, como si pudieran ofrecerle las palabras que necesitaba, una especie de absolución. Tenía la garganta seca, y la habitación se sentía sofocante.

Finalmente, forzó la confesión.

—He cometido errores. Grandes. Y ahora... tengo que afrontar las consecuencias.

Virginia se llevó la mano al pecho, la alarma reflejada en sus ojos.

—¿Errores? ¿Qué errores? Ricardo, me estás asustando.

Ricardo tragó saliva con dificultad.

—Le he sido infiel a Mariana —su voz se quebró—. Yo... la traicioné.

La habitación se quebró bajo el peso de sus palabras.

Virginia jadeó, y las lágrimas brotaron al instante.

Manuel se levantó bruscamente, dominando a su hijo con una intensidad que combinaba furia y decepción.

—¿Infiel? —su voz retumbó, cada sílaba atravesando a Ricardo como una cuchilla—. ¿A tu esposa? ¿A la madre de tus hijos? ¿A la chica que hemos amado como a una hija desde que era niña?

Ricardo se estremeció, aferrándose las rodillas con las manos, como si pudiera estabilizarse.

—Lo sé —dijo rápidamente, con la voz temblorosa—. Sé que la arruiné. Sé que la lastimé. Pero me sentí... atrapado.

La expresión de Manuel se endureció.

—¿Atrapado? —su voz fue cortante, despiadada—. ¿Crees que eso es una excusa? ¿Crees que justifica traicionar a la mujer que te apoyó en todo?

Los hombros de Ricardo se hundieron, y la vergüenza lo oprimió como un ladrillo.

—No lo estoy excusando. Solo intento explicarlo. El trabajo, los niños, el matrimonio... era demasiado. Sentía que me ahogaba, que no podía respirar. Y... Isabela era una vía de escape.

—¿Una vía de escape? —la voz de Virginia se quebró, su angustia atravesando el silencio. Se aferró al brazo de Ricardo, los dedos temblorosos.

La mirada de Manuel se endureció, su voz mesurada, pero afilada como una navaja.

—Esta mujer, Isabela, ¿es soltera?

Ricardo dudó, exhalando lentamente mientras se pasaba una mano por la cara. Sabía lo que venía a continuación; no había manera de suavizarlo, de hacerlo más aceptable.

Su voz apenas se elevó por encima de un susurro.

—Está casada. Pero no tiene hijos.

El silencio invadió la habitación, denso y sofocante.

Virginia jadeó, llevándose las manos a la boca, como si rechazara físicamente las palabras.

Manuel negó con la cabeza; una risa amarga y sin humor se le escapó.

—Increíble.

Su tono permaneció sereno, pero la rabia latía a fuego lento, apretando su mandíbula, enderezando su postura hasta que se cernió sobre Ricardo como un veredicto a la espera de ser pronunciado.

—No solo traicionaste a tu esposa y a tus hijos, sino que la ayudaste a traicionar a su esposo. Puede que no tenga hijos, pero eso no hace que su destrucción sea menos real. Destrozaste dos hogares, dos familias. ¿Y pensaste qué? ¿Que esto no se derrumbaría?

Entrecerró los ojos, su voz se volvió más cortante.

—Entonces, ¿qué era esto, Ricardo? ¿Pensabas dejar a Mariana por ella? ¿Era solo una aventura imprudente o estabas construyendo algo fuera de tu matrimonio?

Ricardo exhaló temblorosamente, con el pecho apretado.

—No estaba pensando en el futuro. Solo... no estaba pensando en nada.

Virginia se secó las lágrimas, sus dedos temblando contra la tela de su blusa.

—¿Y qué cree ella que es esto? ¿Qué te ha dicho?

Ricardo suspiró, frotándose la cara con una mano.

—No lo sé.

Las palabras le resultaron extrañas, porque una vez, él e Isabela habían albergado fugaces pensamientos sobre un futuro: ilusiones, construidas sobre todo aquello de lo que intentaban escapar.

Pero ahora, de pie en casa de sus padres, frente al desastre de sus decisiones, comprendió lo que realmente importaba.

Su familia. Sus hijos. La vida que había destrozado.

Juntó las palmas de las manos, como si intentara recuperar la estabilidad.

—No he hablado con ella desde aquella noche. No sé cómo lleva esto. No sé si está priorizando a su familia como yo —su voz era baja, áspera—. Solo sé que no puedo pensar en ella ahora mismo. Tengo que concentrarme en mi casa, en mis hijos.

Virginia lo observó un largo momento y luego negó con la cabeza.

—¿Y Mariana? Ella sabe que no debe callar esto, ¿verdad?

Ricardo asintió.

—Se lo contó a Daniel, el esposo de Isabela.

La tristeza de Virginia se apagó, reemplazada momentáneamente por orgullo.

Con firme seguridad, levantó la mano y chocó la palma con la de Manuel en un brusco y aprobador saludo.

—Esa es mi chica —murmuró, negando con la cabeza con admiración—. No perdió ni un segundo, ¿verdad?

Manuel exhaló bruscamente, negando con la cabeza con disgusto.

—Así que no solo destruiste a tu familia, sino que la ayudaste a destruir la suya —sus palabras golpearon como un martillo, afiladas, implacables—. ¿Y esperas que ignoremos eso?

Virginia se secó las lágrimas, su voz temblorosa por una rabia contenida.

—Ella no es bienvenida aquí, Ricardo. No me sentaré frente a la mujer que ayudó a destrozar la familia de mis nietos y que hizo lo mismo con la suya. Y peor aún, ahora tendré que enfrentarme a María Ana y José Antonio, sabiendo que nuestras familias, unidas por décadas de amor y amistad, han sido destrozadas por tu culpa.

Manuel se acercó un paso más, su mirada atravesando las defensas de Ricardo.

—Nunca será aceptada en esta casa. Ni ahora. Ni nunca.

Ricardo bajó la cabeza, aplastado por el peso de sus palabras.

—Sé que nunca podré arreglar esto. Sé que les fallé a todos. Pero aún necesito ser un padre para Ricky y Amanda. Esta es la peor decisión que he tomado. Y ahora Mariana me deja. Está pidiendo el divorcio.

La palabra quedó suspendida entre ellos, nítida e irreversible.

Virginia negó con la cabeza, incrédula, con la voz quebrada.

—¿Divorcio? —respiró entrecortadamente—. Ay, Dios mío. ¿Entiendes lo que esto significa, no solo para Ricky y Amanda, sino para nuestra familia? ¿Para la familia Martínez? ¿Cómo los enfrentamos ahora, sabiendo que rompiste este vínculo?

Ricardo se mordió el labio, ahogado por la vergüenza.

—Claro que he pensado en ellos, mami —su voz se quebró bajo el peso de la culpa—. Los amo más que a nada. Y sé que he puesto en peligro su estabilidad. Pero no puedo deshacer lo que he hecho. Mariana merece algo mejor.

Manuel caminaba de un lado a otro, con los puños apretados.

—Tienes razón en una cosa. Ella se merece algo mejor. Y tus hijos merecen un padre que no rehúya sus errores.

Ricardo asintió lentamente, con el pecho apretado por la vergüenza y la determinación.

—Haré todo lo posible por ser un mejor padre para ellos.

•————•

Aunque acababa de enfrentar un duro juicio, Ricardo sabía que la reacción de sus padres no nacía de la crueldad, sino de sus arraigados valores tradicionales. A pesar de su enojo, aún lo amaban.

Lo entendía, y más que nada, lamentaba haberlos puesto en una posición en la que ahora tendrían que enfrentar a otros y explicar lo que él había hecho.

Cuando Ricardo se levantó para irse, se volvió hacia sus padres, la sinceridad grabada en cada palabra.

—Lo siento por el dolor que les he causado. Por la vergüenza que tendrán que cargar por mi culpa.

Virginia lo detuvo, su mano temblorosa descansando suavemente sobre su brazo. Su voz se suavizó, sus ojos empañados por las lágrimas.

—Ricardo, espero que encuentres la manera de hacer las paces contigo mismo. No por nosotros, ni siquiera por Mariana, sino por Ricky y Amanda. Ellos lo merecen.

Ricardo asintió, tragando con dificultad. No esperaba el perdón—no aún. Pero había esperado algo. Una señal de que, a pesar de todo, no estaba completamente perdido para ellos.

Virginia dio el primer paso, rodeándolo con sus brazos—fuertes, firmes, como si se aferrara al niño que había criado, a pesar del hombre que había fallado. Manuel la siguió, su abrazo más pesado, más reacio, pero presente.

No era absolución. Pero era amor.

Cuando Ricardo finalmente salió al aire frío de la noche, su corazón seguía pesado, pero su mente estaba más clara de lo que había estado en semanas. Levantó la mirada hacia el tenue brillo de las estrellas sobre él, su luz débil pero constante.

El camino por delante era incierto, su pasado inalterable, pero quizás—solo quizás—todavía había un futuro en el que sus hijos pudieran verlo como un hombre que intentó enmendar sus errores.

Por primera vez, Ricardo sintió los primeros indicios de determinación—frágiles, pero esenciales.

CAPÍTULO 17
DESENMASCARANDO UNA TRAIDORA

Daniel Cruz estaba sentado en la mesa de la cocina, la carpeta que Mariana le había entregado descansando frente a él como un arma cargada.

Durante toda la tarde, había examinado su condenatorio contenido: recibos, notas, fotografías y un informe detallado del investigador privado que Mariana había contratado. Cada pieza lo golpeaba como metralla, desgarrando la realidad cuidadosamente construida en la que había creído. La vida que habían edificado con tanto esfuerzo ahora se sentía frágil, resquebrajándose bajo el peso de la traición.

Un detalle del informe se clavó en su pecho como una cuchilla lenta—Isabela había llevado a Ricardo a su hogar. No solo a rincones secretos de la ciudad, no solo a momentos robados en silencio, sino aquí. A su cocina. A su habitación. A su cama.

Las conclusiones del investigador lo detallaban con una precisión cruel—fechas, horarios, patrones—días en los que Daniel había estado al otro lado del país, confiando en Isabela, creyendo en ella. Y mientras tanto, Ricardo había cruzado el umbral de su casa como si la santidad del hogar de Daniel no significara absolutamente nada.

Había releído esa sección demasiadas veces, esperando algún error. Pero las fotografías—las que mostraban el auto de Ricardo estacionado afuera—no dejaban margen para la duda. Esto no era solo una infidelidad. Era una invasión. Una violación de todo lo sagrado.

Sus manos se cerraron en puños. Le había confiado todo a ella. Y esto—esto—era la forma en que Isabela le había pagado. Casi podía escuchar la voz de Ricardo, suave y persuasiva, deslizándose en la vida de Daniel como si perteneciera allí. Y lo peor—Isabela se lo había permitido.

Durante horas, Daniel permaneció en silencio, el informe del investigador abierto ante él, contemplando su siguiente paso. No era un hombre propenso a decisiones impulsivas, pero esta noche, el control se sentía como una ilusión. Las imágenes, los recibos, la amarga traición— circulaban por sus venas como fuego.

Las palabras de Mariana resonaban en su mente:

—Esto no se trata de venganza, Daniel. Se trata de responsabilidad. Mereces la verdad, pero lo que hagas con ella... eso depende de ti.

¿Qué aspecto tendría la responsabilidad? ¿Qué palabras podrían expresar la magnitud de su devastación? ¿Y qué podría decir Isabela para arreglarlo?

Nada. Absolutamente nada.

La carpeta desapareció bajo la mesa, oculta por ahora. Le daría una oportunidad. Una sola oportunidad para decir la verdad. Era lo mínimo que podía hacer.

¿Y si no lo hacía?

La carpeta hablaría por ella.

•━━━•━━━•

El reloj marcaba las siete y media, cada latido reflejaba el lento trajín de sus pensamientos. Isabela llegaría pronto a casa. Había llamado antes, diciendo que trabajaría hasta tarde, pero ahora Daniel lo dudaba todo. ¿Estaría realmente en la oficina o con él?

Ricardo. El nombre le dejó un sabor amargo en la mente.

El familiar tintineo de las llaves en la puerta le aceleró el pulso. Permaneció inmóvil, la calma previa al impacto.

La puerta se abrió de golpe e Isabela entró; su paso seguro se tambaleó al encontrarse con los ojos de él. Su abrigo colgaba flácido sobre su brazo, sus tacones repiqueteaban levemente sobre el suelo de madera. Se alisó el pelo, disimulando su inquietud con una sonrisa forzada.

—Llegaste temprano a casa —dijo con ligereza, aunque su sonrisa se atenuó ligeramente—. ¿Está todo bien?

El silencio de Daniel la oprimió como un peso. La observó: la tensión en su postura, la rigidez en sus manos mientras colgaba el abrigo en el clóset. Su aplomo, normalmente encantador, se sentía más como una armadura, una frágil defensa contra lo que presentía que se avecinaba.

—Siéntate, Isabela.

Su voz era tranquila, pero el filo que la cubría era imposible de ignorar.

Su vacilación se tensó como un alambre antes de que finalmente se sentara en la silla frente a él.

Sus ojos lo buscaron, buscando algo: una pista, una abertura.

—Daniel, ¿qué pasa? Me estás asustando.

Daniel se inclinó hacia adelante, su mirada implacable.

—Tuve una visita hoy.

Una pausa.

—¿Conoces a una mujer llamada Mariana Martínez?

Respiró entrecortadamente, pero se recuperó rápidamente, disimulando su inquietud con una expresión cuidadosamente controlada.

—No puedo decir que la conozca. ¿Quién es?

Daniel se inclinó hacia adelante, su mirada afilada y precisa.

—Quizás la conozcas como Mariana Rivera. La esposa de Ricardo.

El rostro de Isabela palideció; su compostura, cuidadosamente construida, comenzó a resquebrajarse. Sus dedos se apretaron en los bordes de la silla mientras apartaba la mirada.

—¿La... esposa de Ricardo? —dijo, con la voz apenas firme—. ¿Por qué habría de...?

—Vino a verme esta tarde —dijo Daniel, interrumpiéndola antes de que pudiera evadirlo.

Sus palabras fueron lentas. Deliberadas. Implacables.

—Me contó una historia. Sobre su marido. Sobre ti.

El silencio se prolongó. Él la dejó oprimir.

—¿Hay algo que quieras contarme, Isabela?

El pulso le retumbaba en los oídos, el pánico le oprimía el pecho. Buscó una explicación a toda prisa, mientras sus pensamientos daban vueltas como un carrusel roto.

La negación siempre había sido su refugio: era clara, inmediata, dejando la duda justa para que se le escapara.

Pero la firmeza en el tono de Daniel la hizo vacilar. ¿Y si él ya lo sabía?

Su voz tembló.

—Ricardo ha sido inapropiado conmigo en el trabajo. He intentado distanciarme, pero...

—Basta.

La voz de Daniel cortó la excusa como una cuchilla.

Metió la mano debajo de la mesa y sacó la carpeta, dejándola caer entre ellos con un golpe sordo y resonante.

Sus ojos se abrieron de par en par. Se le cortó la respiración.

—¿Qué es esto? —susurró.

La pregunta fue apenas audible, como si ya lo supiera.

Como si temiera la respuesta.

La voz de Daniel era fría. Distante. Implacable.

—Es todo. Todo lo que Mariana compartió conmigo. Todo lo que creías poder mantener oculto.

Su mano temblorosa se cernía sobre la carpeta, pero no se atrevía a tocarla. Se cernía entre ellos como un muro que no podía cruzar.

—Daniel, puedo explicarte... —balbuceó.

—Sé lo del romance, Isabela.

Su voz se alzó ligeramente, cortando su protesta como un bisturí.

—Sé de las noches largas. Las cenas. Los hoteles.

Bajó la voz. Se ensombreció. Tembló de asco.

—Y sé de la peor traición de todas: lo trajiste aquí. A nuestra casa. A nuestra cama. El santuario que construimos juntos mientras yo estaba de viaje de negocios.

La voz de Daniel destilaba furia, apenas contenida.

—Ricardo. Lo dejaste entrar al lugar que se suponía era solo nuestro. No me insultes mintiendo. Ya no.

La voz de Daniel se endureció, temblando de asco.

—No solo me traicionaste, Isabela. Me faltaste al respeto.

Se inclinó hacia adelante, con una mirada lo suficientemente aguda como para desmentir cualquier excusa que ella intentara conjurar.

—No solo te escondiste, no solo mentiste; lo trajiste aquí. A nuestro hogar. El lugar donde construimos una vida juntos.

Su respiración se entrecortó, la furia aumentó mientras señalaba hacia el pasillo.

—Lo dejaste entrar por nuestra cocina, nuestro dormitorio; lo dejaste pararse donde yo estoy, dormir donde yo duermo. Donde se suponía que estaríamos a salvo. Y lo hiciste como si yo no fuera nada. Como si no existiera.

Su rostro palideció, pero él no había terminado.

—¿Sabes lo que significa eso? Significa que no solo me traicionaste, sino que me borraste. Dejaste que ocupara mi lugar, en mi casa, en mi cama. ¿Y para qué? ¿Por un hombre casado con hijos?

Su voz era aguda como una navaja, firme.

—No solo me engañaste, Isabela. Me borraste.

El aire en la habitación se volvió sofocante. Isabela respiraba con dificultad, con los ojos abiertos de par en par por el horror. Había enterrado esa verdad tan profundamente que se había convencido de que nunca saldría a la luz. Pero ahora, yacía expuesta e innegable, aplastándola bajo su peso.

—Daniel la miró fijamente. —Yo... —comenzó, con la voz temblorosa, pero él no la dejó terminar.

La presa se rompió. Una lágrima solitaria resbaló por su mejilla, luego otra.

—No quise que sucediera —susurró, con la voz frágil, temblorosa—. No se suponía que llegara tan lejos.

Daniel soltó una carcajada seca, sin humor—agria, cortante.

—¿Ese es tu excusa? —Su voz destilaba veneno—. ¿No se suponía que llegara tan lejos? Dime, Isabela, ¿hasta dónde se suponía que debía llegar? ¿Una sola vez lo habría hecho aceptable? Una traición, aunque sea una sola vez, sigue siendo una traición. Nada borra lo que hiciste.

Su compostura se desmoronó bajo el peso de su mirada.

—Me he sentido tan... perdida, tan invisible —dijo, con la voz quebrada por la desesperación—. Durante tanto tiempo caímos en la rutina, actuando por inercia, dándonos por sentado. La pasión se desvaneció y me convencí de que así era como debía ser. Con Ricardo... él me hizo sentir vista de una manera que no sentía hace años. No quería herirte, Daniel, pero necesitaba algo que me recordara que todavía estaba... viva.

Las manos de Daniel se cerraron en puños, sus nudillos blancos mientras se aferraban al borde de la mesa.

—No te atrevas a culparme por esto —dijo, con voz baja, temblorosa por la rabia contenida—. ¿Me estás diciendo que lo necesitabas para sentirte viva? Eso no fue un error, fue una elección. Pudiste haber hablado conmigo, haber luchado por nosotros, pero en cambio te alejaste sin siquiera darme una oportunidad.

Sus ojos ardían con una intensidad cruda e inquebrantable.

—Conozco este patrón—lo he vivido. Retuerces las cosas, deslizas la culpa, y de repente soy yo quien tiene que justificarme por tus decisiones. Pero no esta vez. Lo veo con claridad ahora y no permitiré que conviertas esto en mi culpa.

Se inclinó hacia adelante, su voz afilada.

—Te di todo—mi amor, mi confianza, mi apoyo. ¿Y así me lo pagas? No tienes derecho a justificarlo. No tienes derecho a reescribirlo. Esto lo hiciste tú, Isabela. Tú. Asúmelo.

Su cabeza cayó entre sus manos, los sollozos sacudiendo sus hombros mientras la culpa y la vergüenza la envolvían como un grillete.

Durante tanto tiempo se aferró a la idea de que su soledad justificaba sus acciones. Pero ahora, frente a los escombros de la confianza de Daniel, cada excusa que había murmurado para sí misma se convirtió en cenizas.

Daniel se levantó bruscamente, la silla raspando ruidosamente contra el suelo.

—Mariana me dijo algo hoy —dijo, su voz más baja pero igual de firme—. Dijo que esto no se trata de venganza. Se trata de asumir la responsabilidad. Y tiene razón. Debes enfrentar lo que has hecho—no solo conmigo, sino contigo misma.

Empujó la carpeta más cerca de ella.

—Cada nota, cada recibo, cada foto. Míralo. Enfréntate a la verdad que has estado evitando.

Sin decir una palabra más, Daniel caminó hacia el dormitorio, sus pasos pesados en el silencio, cada uno resonando con una sensación de final. La puerta se cerró suavemente detrás de él, dejando a Isabela sola con la condenatoria evidencia de su traición.

• • •

Dentro del dormitorio, Daniel estaba sentado en el borde de la cama, con el rostro hundido entre las manos. El dolor de la traición era como una herida abierta: cruda, agonizante, incurable. Repasó los años que habían pasado juntos, los sueños que habían forjado y la confianza que una vez le había brindado con tanta generosidad. Cada recuerdo parecía ahora una broma cruel, vaciado por sus mentiras.

Su mirada se desvió hacia la foto enmarcada sobre la mesita de noche: una foto de ellos el día de su boda. La sonrisa en el rostro de Isabela había sido su imagen favorita: un instante de felicidad que creía eterno. Ahora, sentía como si un extraño lo mirara fijamente.

Sintió una opresión en el pecho. Con mano temblorosa, giró el marco boca abajo, incapaz de seguir mirándolo.

La mano de Daniel se desvió hacia su anillo, sus dedos rozando el metal desgastado: un símbolo de todo lo que habían construido y de todo lo que se había desmoronado. Dudó, luego se lo quitó lentamente, sintiendo el peso de la decisión calar en sus huesos. La huella que dejó fue profunda, un recordatorio de que incluso la ausencia tenía su propia huella. Tendría que dejar que el tiempo y la luz del sol se encargaran de eso.

Colocó el anillo junto a la foto enmarcada: los dos objetos, uno junto al otro, reliquias de una vida que ya no era suya.

Sin dudarlo, se puso de pie, con la mirada fija en la maleta que esperaba junto a la puerta.

Ya no había vuelta atrás.

Daniel salió del dormitorio, maleta en mano. Se detuvo en el umbral de la puerta, sus ojos se encontraron con los de Isabela por última vez.

Sus labios se separaron, como para hablar, pero no salieron palabras. No quedaba nada más que decir.

Sin dudarlo, Daniel salió al aire frío de la noche.

Una mezcla de emociones se arremolinaba en su pecho: alivio mezclado con pérdida, ira entrelazada con dolorosa irrevocabilidad.

La traición había fracturado algo en lo más profundo de él. Pero también lo había liberado. Aunque el camino que le esperaba parecía incierto, sabía que tendría que recorrerlo solo. La vida que habían compartido se hizo añicos, dividiéndose en caminos separados.

Y, sin embargo, al cerrarse la puerta tras Daniel, quedó un tenue rayo de esperanza tácita: que de las ruinas de la traición, ambos podrían algún día reconstruirse.

•——•——•

Sola en la cocina, Isabela permanecía inmóvil, las manos suspendidas sobre la carpeta como si tocarlas pudiera incendiarla. Durante largos y silenciosos minutos, fue incapaz de abrirla. Pero cuando finalmente lo hizo, el contenido la golpeó como una ola brutal.

Las fotografías llegaron primero. Cada imagen capturaba una verdad que había intentado desesperadamente enterrar. Su corazón se encogió mientras sus dedos temblorosos pasaban al informe del investigador, meticuloso y despiadado. Cada palabra era un bisturí, cortando más hondo, diseccionando su culpa.

El peso de sus mentiras la aplastaba. Sofocada por sus propias decisiones, contempló las páginas, con la vista borrosa por lágrimas contenidas. Los recuerdos la asaltaron: la euforia clandestina, la culpa latente, las excusas que alguna vez creyó convincentes. Ricardo había sido una distracción brillante, una ilusión fugaz que abrazó en medio de su soledad. Pero ahora, el eco de sus elecciones se estrellaba contra ella con devastadora claridad.

Las palabras de Daniel—calmas, sinceras, implacables—habían perforado todas sus defensas, dejando al descubierto su fragilidad.

Miró la silla vacía frente a la mesa. La silla de Daniel. Lo imaginó allí, con su sonrisa tranquila durante la cena, y el recuerdo se sintió tan distante que dolía.

El apartamento, alguna vez vibrante de risas y complicidad, estaba ahora envuelto en un silencio tan denso que parecía material. Un testigo implacable del derrumbe.

Volvió a mirar la carpeta. Era un espejo cruel, mostrando a la mujer en la que se había convertido. Y la despreciaba.

La enormidad de lo perdido la aplastó. Había jugado con fuego y arrasado con la vida que juntos construyeron, fracturando los cimientos de su única relación verdadera. Por primera vez, se preguntó si el miedo a la soledad que tanto había temido era peor que esta nueva desolación: la de perder a Daniel.

Durante demasiado tiempo se había convencido de que Ricardo era un escape. En los primeros encuentros, él la hizo sentirse viva, deseada, visible. Pero ahora, bajo la luz despiadada de la verdad, su relación se revelaba como lo que siempre fue: una burbuja de humo, frágil y efímera.

Comprendía ahora que Ricardo, en su forma retorcida de afecto, buscaba evadir responsabilidades: el matrimonio, la paternidad, la rutina. Con ella, revivía una versión idealizada de sí mismo. Pero su vínculo siempre había vivido en la sombra, alimentado por lo prohibido.

Sí, hablaron de un futuro. Lo soñaron. Pero en lo más profundo, Isabela siempre supo que esos susurros eran imposibles sin destruir demasiadas cosas en el camino.

Ahora que todo había salido a la luz, no quedaban refugios. Solo preguntas sin respuesta. ¿La culpa arrastraría a Ricardo de vuelta a su familia? ¿Sobreviviría su conexión a los escombros de la verdad?

No lo sabía. Y lo peor: no estaba segura de querer averiguarlo.

El recuerdo de Ricardo ya no le provocaba esperanza, sino una maraña de emociones: vergüenza, arrepentimiento, y un afecto tenue, cada vez más lejano. No sentía deseos de llamarlo, ni necesidad de verlo. Comprendía, con dolorosa claridad, que él también había huido a través de ella.

Y ahora, sin el velo de la ilusión, lo veía todo con nitidez: su vínculo había sido un escape compartido, no un amor real.

¿Y ahora qué?

El apartamento que alguna vez fue un hogar era ahora solo un espacio vacío. Daniel ya no estaba. Su confianza, su amor, se habían hecho añicos. No había forma de deshacer lo hecho.

Su mirada volvió a posarse en la silla vacía.

Durante la aventura, había sido valiente—o eso creyó. Audaz en perseguir un deseo que confundió con necesidad. Pero ahora, enfrentando sola los restos de su vida, se preguntaba cómo pudo imaginar que la atención fugaz de Ricardo podría reemplazar el amor profundo y paciente que Daniel le ofrecía cada día.

Ricardo no había sido su salvación. Había sido su ruina—como ella fue la de él.

Pasó la noche en una soledad intranquila. Y al amanecer, la luz filtrada por las cortinas proyectó largas sombras en las paredes. La soledad que antes temía ya no acechaba: se había instalado en su pecho, reclamando cada rincón.

Y, por primera vez, Isabela sintió el peso absoluto de la responsabilidad. No hacia Ricardo. Ni siquiera hacia Daniel. Sino hacia sí misma.

El futuro era suyo para reconstruir. Pero antes tendría que enfrentarse, sin evasiones, a la mujer del espejo. Y decidir si aún había algo digno de salvar.

CAPÍTULO 18
HOGAR ROTO, AMOR INTACTO

••••••••••••••••••••••••••••••••••

El hogar de los Rivera siempre había sido un lugar bullicioso y vibrante, lleno de risas, amor y la energía caótica de los niños pequeños. Pero tras la separación, un silencio pesado se instaló sobre todo, y el calor familiar que alguna vez fue tan natural ahora parecía inalcanzable.

Para Ricky, de 8 años, y Amanda, de 6, los cambios llegaron de repente, sin advertencia.

Una noche jugaban en su hogar acogedor, y a la siguiente, fueron llevados apresuradamente a la casa de su abuela en Manhattan sin una explicación real.

La confusión los envolvía, como una densa niebla, y aunque nadie les había dicho las palabras directamente, los niños sabían que algo estaba terriblemente mal.

Al principio, preguntaron—pequeñas voces inciertas en busca de consuelo.

—¿Dónde está Papi? —preguntó Ricky con duda.

—¿Por qué estamos quedándonos con la abuela? —añadió Amanda, su tono impregnado de nerviosismo.

Mariana hizo lo mejor que pudo para tranquilizarlos, cada pregunta sintiéndose como un tirón doloroso en su corazón.

Les dijo que todo estaría bien, que Mami y Papi los amaban mucho.

Pero sus palabras se sintieron vacías e insuficientes, y los niños seguían inquietos.

•———•

Cuando Mariana y Ricardo finalmente se sentaron a explicarles, el peso del momento se sintió insoportable.

Mariana tomó la mano de Amanda, apretándola suavemente mientras comenzaba.

—Niños, necesitamos hablar con ustedes sobre algo importante.

Su voz vaciló, pero se obligó a continuar.

—¿Saben que Mami y Papi los aman muchísimo, verdad?

Ricky asintió con cautela, sus ojos grandes buscando respuestas en sus rostros.

Amanda se acurrucó contra Mariana, aferrando el brazo de su madre, sus pequeños dedos cerrándose con fuerza en la tela de su manga.

Ricardo se inclinó hacia adelante, su tono suave pero firme.

—Ustedes son lo más importante en nuestras vidas.

—Y eso nunca va a cambiar.

Dudó un instante.

—Pero a veces, los adultos toman decisiones que pueden ser difíciles de entender.

—La verdad es que... Mami y Papi ya no vivirán en la misma casa.

Amanda frunció el ceño, su pequeña voz temblorosa.

—¿Pero por qué?

Mariana tragó saliva, buscando las palabras adecuadas.

—A veces, los padres deciden que es mejor vivir separados.

Apretó más fuerte la manita de Amanda.

—Pero aunque no estaremos en la misma casa, Papi y yo siempre estaremos aquí para ustedes.

—Los amamos muchísimo, y eso nunca cambiará.

Ricardo asintió, su voz suave, tranquilizadora.

Tomó una respiración profunda, obligándose a mantenerse sereno.

—Van a quedarse con Mama y Papa por un tiempo, y Mami vivirá allí con ustedes hasta encontrar un nuevo lugar para todos.

Amanda ladeó la cabeza, sus ojos grandes curiosos recorriendo su rostro.

—¿Pero y tú, Papi?

—¿Dónde vas a ir?

Ricardo dudó, luego esbozó una pequeña sonrisa tranquilizadora.

—Seguiré en nuestra casa.

Las cejas diminutas de Amanda se fruncieron, su voz bajando a un susurro.

—¿Tu solo?

Ricardo tragó saliva, su pecho oprimiéndose.

—Sí, cariño. Solo por ahora.

Amanda se removió en el regazo de Mariana, jugueteando con sus dedos.

—¿No te va a dar miedo?

—¿Nos vas a extrañar?

El corazón de Ricardo casi se rompió al escuchar su preocupación.

Quería decirle que no, que los adultos no se asustaban como los niños.

Pero la verdad era que no solo estaba asustado—estaba devastado.

En lugar de responder, acomodó un mechón de su cabello detrás de su oreja, su voz suave.

—Te voy a extrañar, Amanda.

—También voy a extrañar a Ricky.

—Pero los seguiré viendo todo el tiempo.

Amanda lo estudió por un largo momento, luego se inclinó hacia adelante y rodeó su cuello con sus pequeños brazos.

—Yo también te voy a extrañar, Papi.

Ricardo la sostuvo con fuerza, su garganta dolorida, esforzándose por no dejar que el momento lo destrozara por completo.

Hizo una pausa, mirándolos a ambos.

—Pero sigo siendo su papá, y nada puede cambiar eso.

—Siempre estaré en sus vidas. Siempre.

—Vendré a verlos, y pasaremos tiempo juntos, como antes.

Ricky se mordió el labio, su voz apenas un susurro.

—¿Es por algo que hicimos?

Ambos padres negaron rápidamente, la urgencia reflejada en sus movimientos.

Mariana tomó suavemente la mano de Ricky, sosteniéndola firme entre las suyas.

—Oh, no, cariño.

—Esto no es por ustedes, ni por nada que hayan hecho o dejado de hacer.

—Nada de esto es su culpa.

Hizo una pausa, eligiendo sus palabras con cuidado, sabiendo cuán frágil era su comprensión de la situación.

—Mami y Papi simplemente... creemos que esto es lo mejor para todos en este momento.

Pero Ricky no parecía convencido.

Su ceño se frunció, su pecho subía y bajaba, procesando lo que escuchaba.

—¿Pero... y si hubiera sido mejor?

Su voz se quebró ligeramente, sus dedos aferrándose más fuerte a la mano de Mariana.

—¿Si hubiera escuchado más?

—¿Si hubiera ayudado más a Amanda?

—¿Todavía estarían juntos?

El corazón de Mariana se apretó ante su inocencia, ante la culpa equivocada que se arraigaba en su mente joven.

Ricardo se inclinó hacia adelante, su voz suave pero firme.

—Escúchame, Ricky.

—No hiciste nada mal.

—Nunca habrías podido evitar esto, sin importar qué.

—Y no tienes que arreglar nada, porque esto no es algo que hayas roto.

Amanda, acurrucada contra Mariana, miró a su hermano con incertidumbre silenciosa.

—¿No tenemos que elegir, verdad? —preguntó en voz baja—.

—¿Todavía podemos quererlos a los dos?

Mariana tomó la mejilla de Amanda, limpiando la única lágrima que resbalaba por su piel.

—Oh, mi amor, por supuesto que pueden.

Ricardo asintió, su voz serena y firme.

—Nunca tendrán que elegir, nunca.

—Siempre seremos sus padres, y nuestro amor por ustedes nunca cambiará.

Amanda sollozó suavemente, su voz apenas audible.

—¿Vamos a estar bien?

Ricardo limpió una lágrima de su mejilla, ofreciéndole una pequeña sonrisa tranquilizadora.

—Sí, Amanda, van a estar bien.

—Y Mami y Papi se asegurarán de eso.

Pero Ricky seguía sin estar convencido.

Se removió incómodo, sus pequeños dedos retorciéndose en su regazo.

—¿Qué va a pasar con nosotros?

Su voz era baja, pero el miedo era inconfundible.

Mariana intercambió una mirada con Ricardo, antes de volver su atención a su hijo.

Su voz era dulce pero firme.

—Algunas cosas van a cambiar, cariño.

—Pero algunas cosas seguirán igual.

—Seguirás yendo a la escuela, jugando fútbol, teniendo tus cuentos antes de dormir, y seguiremos celebrando cumpleaños y días festivos juntos.

Hizo una pausa, eligiendo sus palabras con cuidado.

—Pero no quiero hacer promesas que no pueda cumplir.

—No sé exactamente cómo se verá todo aún.

—Lo que sí sé es que siempre tendrás a Mami y a Papi, pase lo que pase.

Amanda se inclinó más cerca, acurrucándose en el costado de Mariana.

—¿Nos vamos a mudar muy lejos?

Mariana sacudió la cabeza suavemente.

—Nos quedaremos con Mama y Papa por ahora, y yo estaré allí con ustedes.

—No sé exactamente adónde nos mudaremos, pero sí sé una cosa— no estaremos lejos de Mama, Papa, Papi y sus tías.

—Estaremos cerca de nuestra familia.

Recogió un mechón suelto del cabello de Amanda detrás de su oreja, su voz suave.

—No importa dónde vivamos, nos aseguraremos de que se sientan seguros y felices.

Ricky dudó, luego miró a su padre, su preocupación transformándose en algo aún más pesado.

—¿Y tú?

—¿También te mudarás a un nuevo lugar?

El pecho de Ricardo se apretó.

—Seguiré en la casa —admitió—.

—No me mudaré.

Miró a Ricky, percibiendo la incertidumbre en su expresión.

—Sus habitaciones seguirán exactamente iguales—sus juguetes, sus libros, todo como les gusta.

—Nada cambiará cuando vengan de visita.

—Siempre será su espacio.

Mariana asintió, ofreciendo una tranquilidad silenciosa.

—Así, cuando vayan a ver a Papi, no se sentirá diferente.

—Seguirán teniendo un lugar familiar—sus habitaciones, sus cosas, como antes.

Amanda miró a Ricardo por un largo momento, su labio tembloroso, antes de arrojarse a su cuello.

—Te voy a extrañar, Papi.

Ricardo la sostuvo con fuerza, parpadeando rápido contra el ardor en sus ojos.

Mariana abrazó suavemente a Ricky, su voz tierna pero firme.

—Seguimos siendo una familia.

—Eso no ha cambiado.

—No importa dónde vivamos, no importa cómo cambien las cosas, siempre seremos sus padres.

—Y nunca tendrán que elegir entre nosotros.

•━━━•

La adaptación no fue fácil.

Los cuentos antes de dormir se sentían diferentes sin Ricardo.

El abrazo de Mariana, antes acogedor, no podía borrar por completo el vacío de su ausencia.

Las festividades, que antes estaban llenas de alegría y tradición, ahora se sentían huecas—un recordatorio de que algo faltaba.

Ricky se volvió más callado, más retraído, procesando sus emociones en fragmentos—preguntas que aparecían inesperadamente, preocupaciones susurradas en la quietud de la noche.

Amanda se aferraba a Mariana, buscando consuelo en lo familiar, su mundo todavía demasiado joven para comprender la magnitud del cambio.

A pesar de su propio dolor, Mariana y Ricardo trabajaron incansablemente para proteger a sus hijos del caos.

Mariana se enfocó en crear estabilidad, mantener las rutinas constantes—tiempo extra para abrazos antes de dormir, largas caminatas donde los sentimientos podían expresarse sin presión, pequeñas reafirmaciones tejidas en las conversaciones diarias.

Ricardo atesoró cada momento con ellos, asegurándose de que su amor fuera innegablemente visible—riendo sobre juegos de mesa, prolongando las historias contadas con entusiasmo, recordándoles que, a pesar de todo, nunca lo perderían.

La culpa pesaba sobre él, pero se negó a dejar que eclipsara la verdad de su amor por sus hijos.

• — •

Con el paso de las semanas y los meses, Ricky y Amanda encontraron nuevas formas de navegar su realidad.

No fue fácil, y algunas heridas tardarían más en sanar.

Pero en los pequeños momentos—la constancia del amor de sus padres, las tranquilidades silenciosas, las rutinas firmes—los niños poco a poco encontraron su equilibrio, paso a paso.

La separación reveló la fuerza del vínculo de la familia Rivera.

Tanto Mariana como Ricardo aprendieron lecciones dolorosas pero valiosas—sobre comunicación, sacrificio y el amor que debe resistir incluso en lugares rotos.

Y aunque sus luchas personales estaban lejos de terminar, sabían que su mayor responsabilidad era con sus hijos.

Para Ricky y Amanda, la transición fue un recordatorio profundo de cómo las decisiones de los adultos moldean el mundo a su alrededor.

Fue injusto.
Fue doloroso.
Pero no los definiría.
Porque, a pesar de todo, tenían amor.
Y el amor—incluso fracturado—seguía siendo suyo para aferrarse a él.

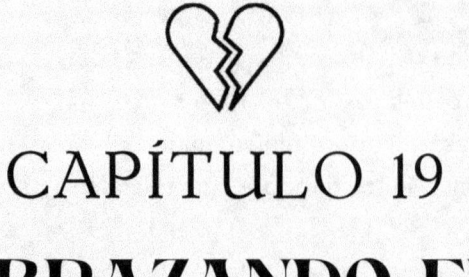

CAPÍTULO 19
ABRAZANDO EL FUTURO

Los días posteriores a la confrontación se desdibujaron en una neblina, como si Mariana hubiera quedado atrapada en los restos de una tormenta—a la deriva, sin dirección, rota.

El dolor y la traición la envolvían como una niebla sofocante, dejándola sin saber qué quedaba por salvar.

Cada habitación de la casa resonaba con recuerdos—alguna vez atesorados, ahora manchados, cada rincón un cruel recordatorio de lo que había perdido.

Permanecer en el hogar que habían construido juntos se volvió insostenible.

La traición de Ricardo lo había vaciado, despojándolo de cualquier sensación de pertenencia.

Sus emociones se agitaban—ira, tristeza, confusión—mezclándose en un dolor amargo.

Había pasado años creyendo en su matrimonio, solo para darse cuenta de que estaba construido sobre mentiras.

Su hogar, antes lleno de vida, ahora se sentía como un eco de lo que fue—y lo que pudo haber sido.

Ya no era un refugio, sino un duro recordatorio de la traición.

Pero incluso en sus momentos más silenciosos de reflexión, una determinación inquebrantable comenzó a arraigarse.

Se negó a dejar que las acciones de Ricardo dictaran el rumbo de su vida.

En medio del caos, encontró claridad: su relación estaba irremediablemente rota.

Permanecer solo la retendría, impidiéndole reconstruirse.

El tiempo pasó, empujándola hacia adelante a pesar del dolor.

Ahora, de pie en el modesto apartamento que llamaba suyo, estaba rodeada por la vida que había reconstruido con esfuerzo.

Ya no definida por la traición de Ricardo, había encontrado algo más fuerte—resiliencia, propósito, y la fuerza inquebrantable dentro de sí misma.

Ya no estaba perdida en su sombra.

Estaba volviendo a ser completa.

•———•

Una mañana, mientras Mariana cerraba con cuidado su última maleta, un pequeño camión de mudanza esperaba afuera, listo para llevarse las pocas pertenencias que había elegido conservar. Todo lo demás quedaba atrás: objetos, costumbres, fragmentos de una vida que ya no era suya.

Se detuvo en el umbral, dejando que la vista recorriera la casa por última vez. Ese lugar había sido su refugio... y también su prisión.

Las paredes callaban, pero en su silencio estaban impresas las rutinas sin alma, las promesas rotas y los sueños que alguna vez sacrificó en nombre de la estabilidad.

Dejarla atrás era como dar un salto al vacío—aterrador, sí, pero también inevitable. Bajo el miedo palpitaba una chispa sutil de alivio.

Entonces, Ricardo apareció en la entrada. Su rostro, marcado por el insomnio y el arrepentimiento, parecía el de un hombre al borde del naufragio.

—Por favor, Mariana... hablemos. Podemos encontrar el camino de regreso —suplicó, con una voz que apenas lograba sostenerse.

Ella lo miró. Serena, pero firme, como si dentro de sí misma ya hubiese cerrado esa puerta. —Después de todo, ¿aún esperas que me quede y siga soportando más? —preguntó en voz baja—. No, Ricardo. Estoy avanzando. Y no voy a mirar atrás.

Sus ojos se oscurecieron, buscando entre los recuerdos alguna versión de sí mismo que pudiera redimirlo.

—Sé que te lastimé. Pero aún te amo. Puedo cambiar. Puedo ser mejor.

Mariana soltó una risa breve y amarga, no por crueldad, sino por la absurda ironía de la situación.

—¿Amor? —repitió—. ¿Ese amor que traicionaste sin titubear? ¿El que convertiste en rutina vacía y mentiras suaves?

Lo miró con una mezcla de dolor y claridad.

—No eres el hombre del que me enamoré. Y si alguna vez lo fuiste, hace mucho que ese hombre se perdió.

Ricardo bajó la mirada, y sus manos colgaban, inútiles, al costado del cuerpo. Ya no era el hombre confiado que solía llenar esa casa de promesas.

Ella suspiró. No había rabia en su voz, solo una aceptación madura, serena.

—Quizá aún me tengas cariño. Pero el amor... el amor verdadero se fue desgastando, y tú lo soltaste mucho antes de que yo me atreviera a verlo. Y aunque todavía siento algo por ti, entendí que el amor, por sí solo, no basta si solo vive en uno de los dos.

Su voz se suavizó aún más, pero su convicción no titubeó.

—Si me quedara, solo estaríamos fingiendo. Alimentando una ilusión que no se sostiene. Tarde o temprano volveríamos a estar aquí... rotos. Y no pienso permitirlo. Ni a ti, ni a mí.

Hizo una pausa, antes de soltar una frase que llevaba tiempo madurando en su pecho:

—La costumbre es más fuerte que el amor.

Ricardo parpadeó, atrapado por el peso de esas palabras. Exhaló lentamente, como si cada palabra le arrancara aire.

—Entonces... lo que nos mantuvo unidos no fue el amor —dijo, más para sí que para ella—. Fue la costumbre. La seguridad. El miedo al cambio.

Mariana asintió.

—Y por eso me voy. Porque merezco algo más que seguridad disfrazada de amor. Y, aunque no lo creas ahora, tú también lo mereces.

Sin añadir más, pasó junto a él. Cruzó la puerta.

El aire fresco acarició su rostro como una bienvenida. Se volvió una última vez para contemplar la casa —ese espacio donde había vivido, resistido y sobrevivido— y luego echó a andar.

Su corazón pesaba, sí. Pero su espíritu permanecía intacto.

El mundo allá afuera seguía crudo, marcado por la traición y la pérdida. Pero también vibraba con la silenciosa promesa de un nuevo comienzo.

•—————•

El proceso de divorcio fue una prueba de resistencia emocional y mental para Mariana. Cada paso—los trámites interminables, las reuniones legales tensas, las conversaciones cargadas de reproche—la empujaba a sus límites. Y, sin embargo, se mantuvo firme, decidida a reconstruir su vida bajo sus propios términos.

Cada firma, cada documento, cada encuentro con la realidad de su matrimonio le revelaba una verdad dolorosa: ningún amor, por profundo que fuera, podía borrar años de engaño. Lo más difícil no fue la firma final, sino aceptar que llevaba demasiado tiempo aferrándose a una ilusión.

Su red de apoyo se volvió fundamental. Familiares y amigos caminaron a su lado, recordándole que no estaba sola. En los momentos en los que todo parecía venirse abajo, su amor la sostuvo, como un faro en la tormenta.

Mientras tanto, Ricardo veía cómo el mundo que había construido a base de apariencias comenzaba a colapsar. Las mentiras que por años había ocultado se volvieron imposibles de tapar. Su reputación, que antes era impecable, se desmoronó públicamente. La máscara que había llevado durante tanto tiempo fue arrancada, revelando al hombre que se escondía debajo: imperfecto, deshonesto, irreparablemente transformado.

Mariana no sintió satisfacción, sino una justicia silenciosa. No buscaba venganza, sino claridad. Por fin, él enfrentaba las consecuencias de sus actos, y ya no podía esconderse detrás de la fachada del esposo ejemplar.

Ella, por su parte, comenzó a reencontrarse consigo misma. Redescubrió pasiones olvidadas, se sumergió en el trabajo, valoró los pequeños momentos cotidianos que antes le parecían invisibles. Por primera vez en mucho tiempo, respiró con libertad.

El día que presentó la demanda de divorcio, todo se sintió irreal. Durante semanas había dudado si tendría la fuerza para hacerlo. Pero cuando finalmente firmó los papeles, la invadió una abrumadora sensación de alivio. Lo había hecho. Había recuperado el control de su vida, y ya no había marcha atrás.

El peso que había oprimido su pecho durante años comenzó a disiparse, aunque el dolor persistía. La traición todavía dolía, pero su determinación era más fuerte. Estaba cansada de vivir como víctima.

Cuando le entregó los papeles a Ricardo, su reacción la sorprendió. Esperaba lágrimas, súplicas, tal vez una promesa desesperada. En lugar de eso, él pareció encogerse frente a ella, como si toda su seguridad se le hubiera escapado del cuerpo. Buscó excusas, justificaciones—palabras vacías que llegaban demasiado tarde.

—Ric, no hay nada que puedas decir para cambiar esto —le dijo Mariana, su voz sin temblor.

Ricardo la observó detenidamente, buscando rastros de la mujer que alguna vez se aferró a su relación, desesperada por salvar lo insalvable. Pero esa mujer ya no estaba allí.

Mariana estaba serena. Firme. Inquebrantable. La decisión estaba tomada. Y, para su sorpresa, era ella quien afrontaba la situación con fortaleza, no él.

Por primera vez, Ricardo se preguntó si la había subestimado todo ese tiempo. ¿Confundió su entrega con debilidad? ¿Su lealtad con dependencia?

Había creído que Mariana lo necesitaba para existir. Pero ahora entendía que quizá era él quien siempre había dependido de ella.

A pesar de todo, lograron construir una dinámica de crianza compartida inesperadamente armoniosa. Ricardo asumió el papel del padre carismático y relajado; Mariana, el pilar firme, equilibrando disciplina y ternura. Ricky y Amanda, divididos entre dos hogares, se sintieron igualmente amados, protegidos por una estructura emocional que, aunque distinta, seguía siendo fuerte.

Una noche, mientras los niños reían en el salón, Mariana los observó desde el sofá. Su risa iluminaba la casa como rayos de sol colándose entre nubes densas. En ese instante, supo que había logrado algo más que sobrevivir: estaba empezando a prosperar.

El vínculo entre los Rivera resultó más fuerte de lo que imaginaban. Criados con valores similares, Mariana y Ricardo compartían una visión de la crianza basada en la estructura, la ternura y la centralidad de la familia. Esa base común suavizó la transición, permitiendo que sus hijos conservaran un sentido de estabilidad, incluso en medio del cambio.

Pero la armonía no fue sin esfuerzo. Cargado de culpa, Ricardo se mostró excesivamente conciliador, ansioso por reparar lo irremediable y asegurar que sus hijos no dudaran nunca de su amor. Mariana, mientras tanto, asumió la mayor carga emocional y financiera. Mantuvo dos empleos, organizó rutinas, resolvió conflictos. Su familia se convirtió en un soporte crucial, ayudando en todo momento para que Ricky y Amanda crecieran cuidados y contenidos.

Aunque Mariana agradecía que Ricardo se mantuviera presente, sabía que ella era quien sostenía el peso real del nuevo equilibrio. Aun así, encontró consuelo en sus propios sacrificios. Sabía que estaban dando frutos. Sabía que sus hijos se sentían seguros.

Para Ricky y Amanda, a pesar del dolor y la incertidumbre, aún contaban con el amor de sus padres. Y ese amor—aunque fracturado—era auténtico. Era suyo. Y bastaba.

CAPÍTULO 20
LA VIDA QUE ELLA ELIGIO

Sus hijos se convirtieron en su mayor fortaleza. Ricky y Amanda llenaron sus días de risas y luz, devolviéndole el sentido del amor y un propósito renovado.

Una mañana, Ricky irrumpió en su habitación, desbordante de emoción.

—¡Mami, Amanda y yo te preparamos el desayuno! —anunció con orgullo, los ojos brillantes.

Mariana lo siguió hasta la cocina, donde Amanda, de pie junto a una pila de tostadas ligeramente quemadas, sonreía con una mezcla de orgullo y satisfacción. La ternura de ese momento disipó las dudas que aún la rondaban, reafirmando su decisión de construir una nueva vida, cimentada en el amor y la resiliencia.

Con el paso del tiempo, el dolor que alguna vez la consumió comenzó a desvanecerse. El peso de la traición ya no la aplastaba cada mañana. En su lugar, despertaba con una serenidad inesperada, lista para abrazar lo que el día trajera. La herida abierta por Ricardo, que antes fue una fuente constante de sufrimiento, se convirtió en un punto de inflexión: un catalizador que la impulsó a recuperar las riendas de su vida.

Aunque desgarradora, la experiencia la obligó a redescubrirse, a reconstruirse con lo que aún quedaba en pie.

En los momentos de silencio, Mariana encontró fuerza. El mismo silencio que antes la asfixiaba se volvió su refugio: un espacio íntimo donde pudo enfrentar las cicatrices emocionales de su matrimonio y comenzar a sanarlas.

Su nuevo apartamento en Manhattan no se parecía en nada a la extensa casa que había dejado atrás. Era un modesto departamento de tres habitaciones, acogedor, pero sin lujos. El pequeño balcón daba a una calle bulliciosa, muy distinta de los cuidados suburbios que solía conocer. Adaptarse no fue sencillo—ni para ella, ni para sus hijos.

Las habitaciones parecían más pequeñas, los muebles eran escasos, el entorno todavía ajeno. Pero era suyo. Y con el tiempo, Mariana confiaba en que ese espacio se convertiría en un verdadero hogar.

Al llegar por primera vez, Ricky—agudo más allá de sus años—se detuvo en el umbral, observando con ojos cautelosos.

—¿Dónde está mi cuarto de juegos? —preguntó con incertidumbre.

En su antigua casa tenía espacio de sobra para sus juguetes, un patio trasero donde corría junto a Amanda. Aquí, todo cabía en un rincón, y el único "parque" eran las calles de abajo.

Amanda, con la mirada abierta por la sorpresa, tiró de la manga de Mariana.

—Mami, ¿y la cocina grande?

Le encantaba sentarse en la isla de mármol mientras Mariana cocinaba, ayudándola a revolver mezclas o robar pedacitos de fruta. Ahora, la cocina era un estrecho pasillo donde apenas cabían juntas.

Mariana se agachó, alisó los rizos de Amanda y le apretó la mano a Ricky.

—Sé que es diferente. Pero es nuestro. Y lo haremos funcionar... juntos.

Su voz sonó firme, segura, aunque por dentro su corazón se encogía al ver su decepción.

Adaptarse a esta nueva realidad fue una batalla diaria. Hacer la compra resultaba abrumador. El presupuesto, los gastos, la responsabilidad de llegar a fin de mes—todo era nuevo. Hasta entonces, nunca se había preocupado por esos detalles; siempre había dependido del salario de Ricardo.

Pero a medida que las semanas avanzaban, Mariana empezó a encontrar su ritmo.

Aprendió a moverse por el laberinto del transporte público, corriendo del trabajo a la escuela, equilibrando fechas de entrega con listas de compras escritas a mano en los márgenes de sus notas.

Calculaba con precisión cada gasto, estiraba cada dólar, convertía cada pequeño logro en una victoria.

Encontrar una mesa de café de segunda mano después de una jornada extenuante. Aprender una nueva receta con apenas tiempo. Mantener el hogar funcionando incluso cuando el cansancio la vencía.

Cada reto superado afianzaba su fuerza.

Ya no solo sobrevivía: comenzaba a prosperar, incluso en medio del caos.

Ricky y Amanda también enfrentaban sus propias transiciones. La nueva escuela era un mundo distinto, las tardes en casa reemplazadas por actividades escolares. El espacio reducido hacía que la ausencia de viejas comodidades doliera más.

Ricky extrañaba andar en bicicleta por la calle sin salida. Amanda preguntaba a menudo cuándo volverían a visitar "la casa grande."

Pero Mariana notaba los cambios: Ricky encontraba alegría en el parque vibrante del vecindario, Amanda reía mientras decoraba su cuarto con pegatinas. Poco a poco, entre nuevos hábitos y rutinas, redefinieron juntos lo que significaba "hogar".

Fue una lección de humildad, pero con cada paso, Mariana sentía florecer dentro de sí una nueva versión de sí misma: independiente, firme, silenciosamente decidida.

El cambio no fue abrupto, sino una sucesión de pequeños actos.

Un sábado, con Ricky y Amanda pasando el fin de semana con Ricardo, Mariana permaneció en la quietud de su apartamento. Por impulso, llamó a una vieja amiga con la que no había hablado en años. Sus risas la transportaron a un tiempo anterior a la traición, encendiendo un destello de esperanza que no había sentido en meses.

Desde entonces, comenzó a reconectar.

Rescató vínculos descuidados, se redescubrió en gestos simples.

Los paseos se convirtieron en rituales preciados.

El yoga la ayudó a habitar su cuerpo con amor.

Escribir un diario fue su válvula de escape: una manera de dar forma a sus pensamientos, sus miedos y sus sueños.

Poco a poco, Mariana transformó su vida desde dentro.

Encontró alegría en lo cotidiano, en lo pequeño, en lo suyo.

Una noche, escribió en su diario:

«Eres suficiente. Eres más fuerte de lo que crees. Nunca dejes que nadie te lo quite».

Estas palabras se convirtieron en su mantra, un recordatorio de la fuerza que había descubierto.

Su red de apoyo resultó invaluable.

Su hermana, Alejandra, se convirtió en su confidente, ofreciéndole ánimo cuando la duda la asaltaba.

Una noche, mientras Mariana expresaba sus temores, Alejandra le tomó las manos con fuerza.

—Siempre has sido fuerte, Mari.

—No necesitas a Ricardo para definir tu vida.

—Tú puedes con esto.

Sus amigas también se reunieron a su lado—cuidando a los niños, compartiendo noches tranquilas, escuchándola sin juzgar.

Cada paso adelante le recordó la resiliencia que reconstruía su independencia.

Algunos días fueron más difíciles que otros—el duelo y la tristeza la sorprendían.

Pero con cada pequeña victoria, se sentía más fuerte.

Alejarse le había dado claridad.

El dolor de la traición seguía siendo punzante, pero ya no la dominaba.

Había recuperado su voz, su dignidad, su futuro.

Su modesto apartamento, aunque pequeño, se sentía como un refugio—un espacio libre de las sombras de la traición.

Se dedicó a convertirlo en un hogar para sus hijos, llenándolo de calidez y amor.

Poco a poco, la risa regresó, suave y espontánea, reavivando una alegría que creyó perdida.

Adaptarse a la maternidad en solitario trajo desafíos.

Equilibrar un nuevo trabajo con la crianza de sus hijos puso a prueba su fortaleza cada día.

Algunos momentos se sintieron abrumadoramente pesados, pero siguió adelante.

En la resiliencia de sus hijos y su amor incondicional, encontró su mayor consuelo.

Sus sonrisas brillantes y pequeños actos de afecto la anclaban, renovando su determinación.

Mariana miró atrás el último año con un orgullo silencioso.

El camino había sido todo menos fácil, pero ahí estaba—de pie en su apartamento, rodeada por la vida que reconstruyó.

Había luchado para crear una relación de coparentalidad estable con Ricardo, asegurándose de que sus hijos se sintieran queridos.

Había restaurado amistades que creyó perdidas.

Pero lo más importante—se había reconstruido a sí misma.

Una tarde, Mariana se apoyó en la barandilla del balcón, observando a Ricky y Amanda jugar en la acera. Una sonrisa serena se dibujó en su rostro mientras el sol la bañaba con su calidez, como un reflejo silencioso de la paz que, al fin, habitaba en su interior.

Ya no era prisionera de su pasado. La traición, lejos de quebrarla, le había dado el coraje de comenzar de nuevo. Lo que alguna vez la definió, ahora solo era parte del camino que la había llevado hasta ahí. Ya no estaba anclada a lo que fue, sino libre para abrazar lo que podía ser.

Los capítulos antiguos no dictaban su destino; solo habían pavimentado la ruta hacia la vida que ella misma había elegido.

El porvenir, aunque incierto, se sentía abierto, posible, y por primera vez en mucho tiempo, no le provocaba miedo.

Desde el otro cuarto, la voz de Ricky rompió el silencio con una alegría desbordante:

—¡Mami, te queremos!

Las palabras, simples pero cargadas de verdad, la envolvieron como un bálsamo cálido.

Su corazón se llenó.

—Yo también los quiero —respondió con voz firme y emocionada, sabiendo que, ahora, esas palabras tenían un significado más profundo que nunca.

El viaje de Mariana no era sobre olvidar, sino sobre reclamar.

Las cicatrices que antes le dolían eran ahora prueba viva de su fuerza, marcas de una batalla que no solo había sobrevivido, sino superado. Símbolos de resiliencia, de crecimiento, de una mujer que decidió no quedarse rota.

Mientras el sol se desvanecía tras los edificios, sintió renacer un propósito firme y luminoso.

Su historia no había terminado.

Apenas estaba comenzando.

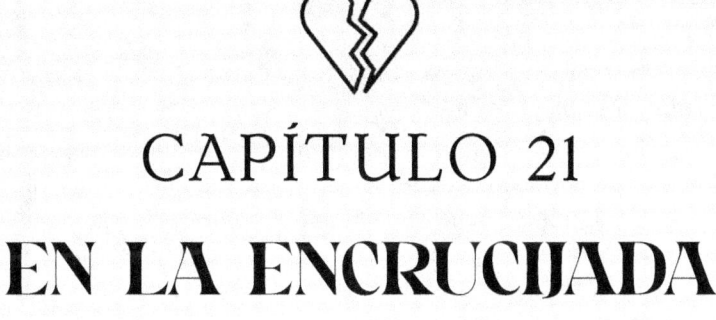

CAPÍTULO 21
EN LA ENCRUCIJADA

R icardo se sentó solo en la sala vacía, el silencio oprimiéndolo como una losa invisible. Las palabras de Mariana resonaban en su mente, cada repetición abriendo más la herida que él mismo había causado. La confrontación había destruido cualquier ilusión de control, dejándolo solo con la verdad desnuda de sus actos.

La había perdido. No solo como esposa, sino como la única persona que alguna vez estuvo incondicionalmente a su lado. No había reconciliación posible, ni camino de regreso a la vida que compartieron. El peso de su traición se asentaba sobre él, denso, ineludible.

Su mirada se desvió hacia la repisa, donde una fotografía familiar seguía en pie—un vestigio de felicidad que ahora se sentía ajeno, casi cruel. Extendió la mano para tomarla, pero se detuvo, incapaz de sostener lo que representaba. Pensó en los primeros años de su matrimonio, en la certeza compartida, en la confianza que cimentó su historia. Había dado por sentada esa solidez, hasta que, lentamente, la dejó escapar, consumido por deseos que ahora se le antojaban vacíos.

La soledad de la casa lo envolvía, convertida en eco de todo lo que había perdido. Cada rincón guardaba fantasmas: risas que ya no sonaban, cenas que ya no se celebraban, miradas que ya no se cruzaban. La mesa del comedor, impecable pero muda, era un monumento a los momentos que él mismo había condenado al olvido.

Decidido a asumir su responsabilidad, buscó a Mariana. No para recuperar su amor—sabía que eso era imposible—sino para sostener lo que aún compartían: sus hijos.

—Por ellos, haré que esto funcione —dijo ella, con voz templada pero firme.

No había perdón en sus palabras. Solo determinación. Y Ricardo lo comprendió. No merecía más.

Así comenzó a cambiar, no con promesas grandilocuentes, sino con actos pequeños, constantes. Se presentó en los eventos escolares de Ricky y Amanda, los escuchó con atención, se hizo presente de un modo nuevo, tangible. Sabía que la confianza no se exige; se reconstruye, poco a poco, ladrillo a ladrillo.

Una tarde, mientras ayudaba a Ricky con la tarea, notó un leve titubeo en su voz—una reserva que le dolió más que cualquier reproche. Pero cuando el niño se inclinó contra su brazo, buscando su orientación, sintió una grieta abrirse en el muro. Pequeña, pero real.

Esos momentos, aparentemente insignificantes, le enseñaban que la constancia importa. Estar ahí, sin faltar, sin excusas. Cada gesto era un paso, una prueba de que, aunque imperfecto, estaba intentando redimirse.

Mariana seguía distante. Le hablaba con mesura, sin hostilidad, pero también sin calidez. Le permitió involucrarse más en la rutina de los niños, aunque lo observaba con la mirada vigilante de quien ya no concede el beneficio de la duda. Él lo aceptaba. Los grandes gestos no significaban nada ahora. Solo el tiempo. Solo la paciencia.

Y luego estaba Isabela.

Todo había comenzado con una cercanía que se disfrazaba de inocencia. O al menos, eso se decía a sí mismo. Isabela había sido atenta, receptiva, justo en el momento en que Mariana parecía distante. Rellenó un vacío que Ricardo no había querido enfrentar.

Al principio, parecía inofensivo—una conversación más, una mirada prolongada. Pero los límites se fueron desdibujando, hasta que se encontró inmerso en una red de mentiras. Lo que empezó como un escape se volvió una adicción, una huida que lo atrapó aún más.

Ahora, con el daño expuesto, enfrentaba la pregunta que tanto tiempo había esquivado:

¿Había sido real, o solo una ilusión?

Isabela representaba libertad, una emoción sin ataduras. A su lado, se sentía liviano, momentáneamente vivo. Pero frente a las ruinas de su vida, esa "libertad" se revelaba como una fantasía. Se preguntaba si realmente la amó, o si ambos solo buscaban consuelo, una distracción que disfrazara sus vacíos.

Hablaron de un futuro juntos en susurros robados, pero ahora esa visión le parecía hueca. Mariana había cerrado la puerta sin dejar resquicios. Con Isabela, aún quedaban preguntas, pero ninguna certeza.

¿Quedaba algo entre ellos? ¿Había un camino por recorrer o era otro puente que también debía dejar atrás?

Por las noches, cuando el mundo se sumía en silencio, los recuerdos lo asaltaban. La risa de Mariana, la calidez de su presencia, las tardes compartidas como familia—antes una fuente de fuerza, ahora una herida abierta.

La había amado, y una parte de él siempre lo haría. Pero el amor, entendía ahora, no basta cuando se ha traicionado lo esencial.

Tras su enfrentamiento, Isabela desapareció de su vida cotidiana. Se tomó una breve licencia, y cuando regresó, la asignaron a otro departamento en la oficina de la empresa en Wall Street. Sus mundos, antes entrelazados, se deshicieron en silencio. No habían hablado desde aquella noche—sin mensajes, sin encuentros fortuitos. Solo silencio.

Los días se volvieron semanas, los meses se amontonaban con lentitud, y con ellos, el peso de las consecuencias. No sabía si Isabela quedaría en su vida, ni si alguna vez recuperaría la confianza de sus hijos. No sabía si la redención era siquiera posible.

Pero entendía algo: sanar no era aferrarse a lo que perdió, sino hacerse cargo de lo que aún quedaba.

Ricardo estaba en una encrucijada. El futuro se presentaba incierto. Pero por primera vez, no escapaba.

Estaba dispuesto a enfrentar.

CAPÍTULO 22
MAS ALLA DE LOS RESTOS DE UN ROMANCE

La casa que Ricardo ahora llamaba suya, en la que se había quedado tras la partida de Mariana y los niños, estaba impregnada de un vacío tangible. Evitaba el sofá donde Mariana solía sentarse a su lado por las noches; esa rutina, que antes le había resultado un refugio reconfortante, ahora le parecía un cruel recordatorio de lo perdido. Pero, sobre todo, Ricardo se evitaba a sí mismo — a esa versión suya que había causado tanto dolor. El silencio en la casa lo oprimía, presionando desde todos lados, y él se aferraba desesperadamente a la idea de respuestas, a un cierre, a cualquier alivio para el dolor que anticipaba lo que vendría después.

En su propio mundo, Isabela se sentía atrapada en la soledad. Su apartamento, antes prístino y ordenado, se había convertido en un reflejo caótico de su tormento interior. Tazas de café a medio terminar se dispersaban sobre las superficies, mientras pilas desordenadas de papeles amontonaban la encimera. Pasaba noches interminables mirando su teléfono, dividida entre el deseo de llamar a Ricardo y el miedo a las preguntas que inevitablemente surgirían. Su traición, que una vez había sido excitante en secreto, los había dejado al descubierto, desnudos ante un mar de dudas sin respuestas.

Ricardo permaneció sentado junto a su teléfono, sus dedos vacilando sobre los botones mientras debatía si marcar. Pasaron horas antes de que finalmente presionara cada número, los suaves pitidos cortando el silencio y estirando el momento hasta hacerlo insoportable.

El repentino timbre del teléfono hizo que Isabela se sobresaltara. Dudó, mirándolo mientras volvía a sonar—alto, insistente. Con un profundo suspiro, levantó el auricular y lo presionó contra su oído.

—¿Hola?

Ricardo vaciló al otro lado de la línea, su voz baja, casi cuidadosa.

—Hola, Isabela.

Una pausa. Ella tragó saliva.

—Hola.

Otra pausa, más pesada esta vez. El peso de las últimas semanas se asentó entre ellos, cargado de todas las palabras no dichas.

Ricardo exhaló, una respiración lenta y medida.

—No estaba seguro de que contestarías.

Ella cerró los ojos brevemente, presionando el auricular con más fuerza contra su oído. —Yo tampoco.

El silencio se extendió de nuevo, frágil e incierto.

—¿Podemos juntarnos mañana en el lugar de siempre? —Su voz era firme, pero algo flotaba debajo—duda, esperanza—.

—Me gustaría hablar, sobre... todo.

Isabela dudó, apretando el teléfono con tanta fuerza que sus nudillos se tornaron blancos. Su respiración se volvió superficial y su respuesta apenas un susurro:

—Sí.

El motel donde acordaron verse se alzaba como un espectro en su historia compartida. Era una elección tácita, cargada de significado. Ninguno mencionó por qué lo eligieron; simplemente estaba allí, pesado con el pasado, el lugar donde sus verdades se habían desplomado, ahora convertido en el escenario de un ajuste de cuentas.

Ricardo condujo por calles silenciosas, con la mente enredada en pensamientos. Había soñado con un futuro junto a Isabela, uno donde su pasión pudiera florecer sin secretos, pero las dudas lo atormentaban con cada kilómetro. ¿Sería posible reconstruir algo real a partir de las cenizas de la traición? ¿O estaban destinados a desmoronarse?

Isabela llegó primero, con el corazón pesado y la resolución tambaleante. Esperó bajo la luz mortecina y parpadeante de la habitación, sus dedos trazando nerviosamente la áspera tela de la colcha, buscando anclarse en algo. Los recuerdos de su aventura estallaban en su mente, mezclándose con la culpa y la pérdida por Daniel y la vida que había destruido. Ricardo había despertado en ella algo que nunca antes había sentido: una sensación de libertad y comprensión. Pero, ¿a qué precio? Temía haber perdido mucho más de lo que había ganado. Sin embargo, una débil y frágil esperanza persistía: la posibilidad de rescatar algo de los escombros.

Cuando Ricardo entró, la puerta cerrándose tras él sonó suave, pero para ella resonó como un trueno en el silencio de la habitación. Por un instante, ninguno habló; el peso de lo no dicho llenaba cada rincón. Sus miradas se encontraron, cargadas de incertidumbre y reflejando las mismas dudas.

—Gracias por venir —dijo Ricardo, con voz firme pero vacilante.

—No estaba segura de que llamarías —respondió Isabela, casi inaudible.

Ricardo cruzó el cuarto y se apoyó en la cómoda, como buscando sostenerse.

—No sabía si debía hacerlo. Pero no podemos seguir así. Tenemos que hablar sobre lo que estamos haciendo... sobre a dónde va esto.

Isabela bajó la mirada hacia la alfombra raída.

—No lo sé, Ricardo. No creo que haya un 'lugar' a donde esto pueda ir.

Sus palabras dolieron, pero Ricardo dio un paso lento hacia ella, como si el aire mismo se resistiera a sus movimientos.

—Pensé que podríamos seguir adelante. Construir algo real. Empezar de nuevo. Sin mentiras, sin secretos. Solo nosotros.

Su voz tembló con la incertidumbre.

—Yo también quería eso —admitió Isabela, con lágrimas asomando—, pero no es tan simple. Mira lo que hemos hecho. Mira las vidas que hemos destruido. ¿Cómo podría esto alguna vez sentirse completo?

Ricardo se dejó caer en la silla junto a ella, con una expresión marcada por el arrepentimiento.

—No tiene que ser perfecto, Isabela. Podríamos intentarlo. ¿No es suficiente?

Las lágrimas rodaron por sus mejillas, y ella negó con la cabeza, soltando su angustia en voz quebrada.

—Te amo, Ricardo. Pero no puedo. No puedo enfrentar a tus hijos, a tus padres, a tus amigos, sabiendo que me juzgan, que llevan sobre mí el peso de cada error. Esta aventura será una losa que cargaré siempre.

Ricardo suspiró, inclinando la cabeza con suavidad.

—No lo recibieron bien. Mi familia lucha por aceptar todo esto. Y entiendo tu miedo, porque yo también lo siento.

Isabela se levantó de repente y caminó hacia la ventana, como buscando una salida.

—¿Y Mariana? —su voz cargada de emoción— ¿Quieres que me siente en tus reuniones familiares fingiendo que todo está bien, mientras siento sus ojos clavados en mí, preguntándose por qué estoy aquí? Aunque ella no esté presente, siempre será parte de tu vida. Más que tu ex, es la madre de tus hijos y tu amiga de toda la vida.

Se cruzó de brazos, protegiéndose.

—Tus hijos adoran a Mariana y siempre lo harán. Nunca me verán como algo más que la mujer que llegó después de su madre. Ya puedo imaginar las miradas frías, los susurros. Me tolerarán, quizás, pero nunca perteneceré a sus vidas. Cada mención de su nombre, cada historia que cuenten, me lo recordará.

Ricardo se levantó y acortó la distancia, con voz firme pero tranquila.

—No quiero perderte, Isabela. Enfrentaré todo eso contigo. Lo resolveremos juntos. Sé que no será fácil, pero creo que valemos la pena.

Ella giró hacia él, el dolor impreso en cada línea de su rostro.

—No dudo que estarás a mi lado. Pero eso no cambiará cómo me ven. Tu familia, la mía, incluso la de Daniel, todos me juzgan como alguien que tomó decisiones terribles, alguien sin derecho al perdón. En nuestra cultura, las mujeres no pueden escapar de ese juicio. Nos aprietan, nos asfixian.

Su voz flaqueó. Ricardo extendió la mano, temblorosa, pero Isabela dio un paso atrás y alzó las manos como una frágil barrera.

—No puedo vivir así, preguntándome si alguna vez me aceptarán, temiendo no estar a la altura de Mariana, que una parte de ti siempre la amará. Este peso me aplasta.

Recordó las palabras duras de su familia:

—¿Qué clase de mujer hace esto? —le había reprochado su madre—. No eres la hija que crié.

El silencio decepcionado de su padre cortaba más que cualquier palabra, y los susurros de sus primos, junto con las miradas distantes de sus tías, la condenaban. El doble estándar que justificaba la infidelidad masculina como una debilidad y condenaba la suya como un fracaso moral la dejó marginada, aislada, juzgada.

—Esto es un adiós —dijo, con la voz quebrada—. Necesito seguir adelante, por mi bien y por el tuyo.

—He solicitado un traslado permanente a nuestra oficina en Wall Street. Será un viaje más largo, pero es lo mejor. Un corte limpio.

Ricardo frunció el ceño, su expresión nublada por la confusión.

—¿Te vas del equipo?

Isabela asintió, sus dedos apretando con fuerza la correa de su bolso.

—¿De verdad crees que podría quedarme?

La pregunta quedó suspendida entre ellos, cargada de demasiadas verdades no dichas.

Ella exhaló con fuerza, sacudiendo la cabeza.

—La gente habla, Ricardo. Siempre lo ha hecho, y siempre lo hará. Cada ascenso que he recibido, cada éxito que he logrado... nada de eso importa para ellos. Para ellos, no lo trabajé. Me acosté para conseguirlo.

La mandíbula de Ricardo se tensó, la ira destellando en su mirada.

—Eso no es cierto. Has trabajado más duro que nadie...

—No importa. —Lo interrumpió, su voz firme—. Los rumores existen. Siempre han existido. ¿Y ahora? Ahora solo empeorarán. Quedarme significa entrar a cada reunión, cada conversación, sabiendo que la gente no juzga mi trabajo... me juzga a mí.

Su tono se suavizó, pero el dolor permaneció. —Necesito que mi carrera se sostenga por sí sola. No puedo pasar el resto de mi vida demostrando que me la gané. Solo quiero hacer mi trabajo sin susurros, sin dudas.

Ricardo tragó con dificultad, su garganta apretada.

—¿Y yo?

Ella vaciló, buscando su rostro.

—Si me quedo, te veré todos los días. Tendré que actuar como si nada de esto hubiera pasado. Como si nunca hubiéramos sido...

Se quedó en silencio, incapaz de decir las palabras. Se llevó una mano a la frente y luego la dejó caer.

—Y no confío en mí misma, Ricardo. No contigo. No así.

Los hombros de Ricardo cayeron, el peso de su confesión asentándose sobre él.

—Entonces, ¿estás cortando todo lazo?

Ella sostuvo su mirada, sus ojos llenos de una tristeza silenciosa.

—Es la única forma que conozco para seguir adelante.

El silencio entre ellos fue definitivo. Ella retrocedió, aferrándose al pomo de la puerta como si fuera lo único sólido en la habitación.

—Espero... —Su aliento se entrecortó, pero se recompuso rápidamente—. Espero que encuentres lo que estás buscando.

Ricardo se desplomó bajo el peso de su decisión. —No tienes que irte, Isabela...

Ella posó una mano temblorosa sobre su brazo, mirándolo con tranquila determinación.

—Sí, tengo que hacerlo. Lo hemos arruinado todo, Ricardo. Y la única forma de arreglarlo es dejarlo ir.

Los ojos de Ricardo brillaron con lágrimas no derramadas.

—Nunca te olvidaré, Isabela.

—Y yo a ti —respondió ella, suavemente.

Su abrazo fue breve, cargado de todo el dolor que las palabras no alcanzaban a expresar. Cuando la puerta del motel se cerró detrás de ella, Ricardo se dejó caer en la cama, clavando la mirada en las luces fluorescentes que parpadeaban con indiferencia. Había creído que Isabela era todo lo que anhelaba, todo lo que necesitaba. Pero ahora, envuelto en el resplandor débil de la habitación vacía, comprendía la dolorosa verdad: ella no podía—o no quería—soportar el peso del juicio.

Permaneció allí, inmóvil, mientras las luces proyectaban sombras alargadas sobre la colcha desgastada. Con los dedos, empezó a trazar distraídamente los hilos deshilachados, como si pudiera encontrar en ellos los restos frágiles de lo que había compartido con Isabela. Recordó su silueta alejándose en la noche, una imagen grabada con dolor en su memoria—un recordatorio de lo que se había perdido, y de lo que jamás podría recuperar.

Ese adiós silencioso marcó el inicio de dos caminos separados.

Afuera, el frío la envolvió con una crudeza que la hizo jadear, pero no se detuvo. Caminar hacia la noche fue tanto una huida como una declaración. Alzó el rostro hacia la oscuridad, dejando que el viento le quemara la piel mientras se preparaba para los susurros que, aunque invisibles, ya sentía seguirla. Se detuvo un instante, permitiéndose un último vistazo a la ventana del motel, donde la silueta de Ricardo se recortaba débilmente contra la luz artificial. Luego, se dio la vuelta.

Cada paso pesaba más que el anterior, pero también tenía propósito—era un acto deliberado de resistencia ante la culpa, ante las voces que la juzgaban, incluso las que vivían dentro de ella. No sabía hacia dónde la llevaría ese camino, pero sabía que tenía que recorrerlo sola.

La soledad se volvió su refugio. No era amable, pero era suya. Una forma de enfrentar el juicio que arrastraba desde su infancia: la mirada fría de su madre, el silencio decepcionado de su padre, los cuchicheos que imaginaba colándose por las paredes de cada lugar al que entraba. Pero a través del arte, entre trazos y colores, encontraba destellos fugaces de paz. Instantes donde no era la mujer del escándalo, sino simplemente una creadora, una buscadora.

Aunque sus caminos se habían separado, Ricardo e Isabela seguían unidos por una derrota común, por la verdad cruda de en quiénes se habían convertido. En medio de sus respectivas soledades, ambos se hacían la misma pregunta, muda e ineludible:

¿Podría el perdón—de sí mismos, de los otros—ser suficiente para alzarse entre los escombros de sus decisiones?

No conocían la respuesta.

Pero, por ahora, lo único que podían hacer... era intentarlo.

CAPÍTULO 23
A TRAVES DEL ESPEJO DEL ARREPENTIMIENTO

Isabela recorría de un lado a otro los estrechos confines de su apartamento, un espacio que ahora reflejaba el caos de su propia tormenta interna. Cajas a medio empacar—las pertenencias de Daniel—permanecían como acusaciones silenciosas, recordatorios de la vida que había deshecho. Flores marchitas se inclinaban en el alféizar de la ventana, sus pétalos aferrándose obstinadamente a los tallos, igual que los fragmentos rotos de su existencia. Las miraba a menudo, pero nunca las tiraba. Veía en ellas un eco de sí misma: descuidada, marchita, pero aún aferrada a algo indefinido.

Evitaba el espejo, incapaz de enfrentar a la mujer en la que se había convertido. El peso de sus errores se hacía más pesado cada vez que atrapaba su reflejo. Familiares y amigos habían tratado de contactarla, ofreciendo apoyo con cautela, pero ella ignoraba sus llamadas, consciente de que sus voces estarían llenas de decepción y preguntas que aún no estaba lista para responder. No encontraba la manera de explicar cómo había llegado hasta ahí—por qué había destruido la estabilidad que alguna vez tuvo.

Una noche, la voz de su madre rompió el silencio.

—Isabela —dijo con dulzura—, no puedes seguir huyendo de esto. Tienes que hablarlo.

Isabela observó su taza de té, el vapor ascendiendo en espirales perezosas.

—No se suponía que pasara así —murmuró, su voz distante—. Yo... yo pensé que quería más. Pensé que podía ser alguien mejor. Alguien libre. Pero solo me hizo perderlo todo.

Su madre colocó una mano firme sobre la suya.

—A veces, encontrar la libertad comienza con entender por qué nos sentimos atrapados en primer lugar.

Las palabras permanecieron con ella mucho después de que la conversación terminara, entretejiéndose en los momentos silenciosos de su introspección. Aunque la voz de su madre transmitía amor, también llevaba una expectativa no dicha: enfrentar la verdad.

Isabela se hundió en el trabajo, aferrándose a los plazos y las largas horas como si la estructura por sí sola pudiera evitar que se desmoronara. Pero incluso en medio de las distracciones, sus pensamientos se desviaban hacia Daniel—la constancia de su amor, la manera en que preparaba su café favorito por las mañanas, su paciencia silenciosa que ella había dado por sentada. Ahora temía haber destruido algo irreparable.

Incapaz de dormir una noche, su mirada aterrizó en su cuaderno de dibujo—intacto desde que comenzó la aventura. Dibujar siempre había sido su refugio, el único lugar donde podía procesar sus emociones cuando las palabras fallaban. Tentativamente, tomó su lápiz, su peso familiar anclándola de una manera inesperada.

Los primeros trazos fueron vacilantes, irregulares—figuras fracturadas con bordes sombríos. Su mano temblaba, su dolor derramándose sobre la página. Pero a medida que las horas avanzaban hacia el amanecer, las figuras se suavizaron, fusionándose en armonía. En una pieza, dibujó la silueta de un niño riendo—una frágil representación de la esperanza. La esperanza que pensó haber perdido pero que estaba desesperada por recuperar.

Su viaje fue lento, plagado de momentos incómodos. En el supermercado, sintió miradas persistentes. En una reunión familiar, las conversaciones se apagaron cuando se acercó, susurros deslizándose en los espacios detrás de su espalda. Cada juicio silencioso le dolía más que cualquier palabra, pero se obligó a quedarse, negándose a dejar que la vergüenza dictara su vida.

Comenzó a reclamar pedazos de sí misma. Las flores marchitas en su ventana fueron reemplazadas con nuevos brotes, sus colores vibrantes una promesa silenciosa hacia sí misma. Sus dibujos llenaron los espacios vacíos de su apartamento, cambiando de sombras a luz. Sanar no se trataba de borrar el pasado—era enfrentarlo, aprender de él y encontrar el valor para seguir adelante.

•———•

Daniel se sentó solo en su nuevo apartamento, los ecos de la vida que había construido con Isabela rodeándolo. La risa, la calidez, la tranquila comodidad de la compañía—ahora reemplazada por el silencio. Cada crujido del suelo le recordaba lo que faltaba. Durante largas noches de introspección, luchó con la ira y la tristeza que la traición de Isabela había dejado en él.

Revivió momentos de su pasado, buscando señales que había ignorado—la forma en que su risa se había vuelto más apagada, cómo su mirada a veces se desviaba más allá de él. Y aun así, a pesar de esas señales, confió en su vínculo, creyendo en su fuerza incluso cuando las grietas comenzaron a aparecer. Ahora, cuestionaba todo.

Una noche, un golpe en la puerta lo sacó de sus pensamientos. Dudó antes de abrir, su corazón martilleando contra su pecho.

Isabela estaba en el umbral, la culpa grabada en sus facciones. Sombras rodeaban sus ojos, su postura tensa, como si cargara sobre sus hombros el peso de su historia rota.

Daniel se hizo a un lado sin decir una palabra. Ella entró, cada paso vacilante, cuidadosa de no perturbar el frágil aire entre ellos. Se sentó en la mesa del comedor, entrelazando sus manos temblorosas, luchando por encontrar su mirada.

—Daniel, sé que esta visita es inesperada, pero no estaba segura de que aceptarías verme si te llamaba primero —comenzó, su voz apenas un susurro—. Sé que no puedo deshacer lo que hice. Pero quiero ofrecerte una disculpa sincera. Necesito que sepas lo arrepentida que estoy.

Él exhaló lentamente, estudiándola, sopesando la sinceridad en su tono.

—Lo siento no cambia lo que pasó, Isabela. Lo trajiste a nuestro hogar—el lugar que se suponía que era nuestro. Cruzaste una línea, y no hay forma de volver atrás.

Su respiración se cortó.

—Estaba perdida... cometí un error, un error terrible, imperdonable. Pero nunca dejé de amarte.

La mirada de Daniel se endureció, su voz medida pero inflexible.

—¿Amor? ¿Crees que el amor borra esto? Cada vez que entro en nuestro antiguo apartamento, lo veo. Cada habitación me recuerda la traición.

Sus manos se cerraron en puños antes de relajarse nuevamente, como si estuviera conteniéndose físicamente para no decir más—algo más duro, algo cruel. En su lugar, se levantó de la silla, caminando hacia la ventana, mirando la ciudad más allá. La noche estaba tranquila, indiferente a la tormenta dentro de él.

Se giró hacia ella, su voz más baja ahora, pero no menos cortante.

—Dices que fue un error imperdonable. Esto no fue un error, Isabela. Fue una elección. Tuya. Elegiste a él sobre mí, sobre nosotros. Pero en algo tienes razón, es imperdonable.

El silencio se extendió entre ellos, cargado de todo lo no dicho. Luego, con una exhalación constante, Daniel se acercó al cajón junto a él. El movimiento fue lento, deliberado—no vacilante, sino cargado de un peso final.

Sacó un sobre, sus dedos agarrando sus bordes antes de dejarlo sobre la mesa entre ellos. No lo empujó hacia ella. No era necesario. Su mera presencia ya llevaba suficiente peso.

—He solicitado el divorcio —su voz fue tranquila, inquebrantable—. Recibirás los documentos para tu firma pronto.

Isabela miró el sobre, pero no lo tocó. La inevitabilidad de sus palabras la envolvió como un torno. Levantó su mirada hacia él, buscando—desesperada—algo. Una duda. Un atisbo de arrepentimiento. Cualquier señal de que aún quedaba una parte de él que pudiera aferrarse.

No encontró nada.

Su respiración tembló.

—Nunca quise perderte.

La mandíbula de Daniel se tensó, su expresión incrédula, casi sin poder creer que aún pudiera decir esas palabras como si tuvieran algún significado.

—Pero lo hiciste.

Su voz, más afilada ahora, no dejó lugar para dudas.

—¿Qué esperabas, Isabela? ¿Pensaste que podías tener una aventura, destrozar todo lo que construimos, y que simplemente... lo aceptaría? ¿Que de alguna manera podríamos volver atrás?

Su garganta se cerró, las palabras atrapadas detrás de un muro de arrepentimiento.

—No lo sé. No estaba pensando... Yo... Yo creí...

Pero su voz se apagó, porque no había nada que pudiera decir que lo hiciera mejor.

Daniel se levantó, sus movimientos deliberados, definitivos.

—Espero que encuentres las respuestas que buscas, pero no las encontrarás conmigo.

Las lágrimas resbalaron silenciosamente por sus mejillas. Susurró de nuevo:

—Nunca quise perderte.

La mandíbula de Daniel se flexionó, su respuesta aún más cortante, concisa.

—Pero lo hiciste.

No se movió, no ofreció consuelo, no suavizó su expresión.

Isabela se levantó lentamente, sus dedos rozando el sobre, pero sin llegar a tomarlo. La realidad de sus elecciones finalmente la había alcanzado.

Mientras se dirigía hacia la puerta, Daniel permaneció inmóvil, observándola mientras salía de su vida por última vez.

La puerta se cerró suavemente detrás de ella, sellando el destino de su amor fracturado. El sonido de sus pasos desvaneciéndose en el pasillo resonó en su pecho—no como arrepentimiento, sino como resolución.

CAPÍTULO 24
SURGIENDO DE LAS CENIZAS

Mariana ajustó el puño de su blazer mientras entraba a su oficina, el familiar murmullo de conversaciones y el timbre constante de los teléfonos llenando el aire.

Era el mismo edificio donde, hacía dos años, había cruzado esas puertas por primera vez—no como analista, sino como secretaria. En aquel entonces, sus días transcurrían gestionando horarios, organizando reportes y absorbiendo el ritmo del mundo corporativo desde su escritorio.

Observó ejecutivos entrar y salir, escuchó el desarrollo de reuniones, estudió cómo se tomaban decisiones. Estuvo al margen, pero siempre prestó atención.

Y con el tiempo, comprendió que quería más—no solo un trabajo estable, sino una carrera moldeada por sus propias ambiciones.

El camino no había sido fácil.

Años atrás, había comenzado sus estudios con determinación, ansiosa por forjar su futuro. Pero cuando un embarazo inesperado y un matrimonio apresurado cambiaron el rumbo de su vida, todo se transformó.

Ricardo trabajaba a tiempo completo y, entre el manejo del hogar y la crianza de sus hijos, Mariana entendió cuál debía ser su prioridad—su familia la necesitaba.

Con cuentas por pagar y estabilidad que mantener, postergó su educación—no por arrepentimiento, sino por necesidad. Las sesiones nocturnas de estudio fueron reemplazadas por madrugadas alimentando a su bebé, los auditorios universitarios cambiados por el sonido constante de un hogar que dependía de su presencia.

Pero ahora, años después, estaba reclamando ese sueño.

Se inscribió en la universidad mientras trabajaba a tiempo completo, decidida a completar la carrera en negocios que una vez había dejado atrás.

Equilibrando cursos con la maternidad en solitario, venciendo el agotamiento mientras estudiaba en las horas silenciosas después de acostar a sus hijos, dudó de sí misma más veces de las que podía contar.

No fue una estudiante de calificaciones perfectas. Hubo noches de frustración, trabajos entregados apenas minutos antes del plazo, momentos en los que casi se rindió. Pero siguió adelante.

No lo logró sola.

Su familia y sus suegros intervinieron, apoyándola de formas que nunca olvidaría—ayudando con el cuidado de los niños, cubriendo noches largas cuando los exámenes exigían su atención completa.

Porque algo era seguro: nadie alcanza sus metas completamente solo.

Y entonces, después de dos años de esfuerzo, obtuvo su título.

El día de la graduación, sus hijos estuvieron ahí, observándola recibir su diploma—prueba de que la educación es una búsqueda de por vida, algo que nadie podría arrebatarle.

Ahora, de pie en su oficina, trazó con los dedos las letras grabadas en su nueva placa: Analista, Mobil Oil—Oficina de Manhattan.

Deslizó la yema de sus dedos sobre la inscripción, dejando que el peso de ese logro se asentara en ella.

Esta vez, no estaba organizando reportes para alguien más. Los estaba analizando. Tomando decisiones. Moldeando las estrategias de la empresa.

Había pasado de los rincones silenciosos de la administración al mismo puesto que una vez soñó ocupar.

Mariana exhaló, dejando que el momento se impregnara en ella.

Este triunfo era suyo.

Y nadie—ni Ricardo, ni las cicatrices de su pasado—podría arrebatárselo.

•———•

Hubo un tiempo en el que Mariana había visto la traición de Ricardo como el colapso de todo lo que había construido. Pero ahora, de pie en su oficina, con sus hijos prosperando y su vida moldeada por un propósito, comprendía la verdad: nunca había sido un final, sino un comienzo.

Su vida personal y profesional florecía de maneras que alguna vez temió imposibles. Establecer un ritmo constante con Ricky y Amanda había sido su propia victoria, la prueba de que la estabilidad podía existir incluso después de la agitación.

Y entonces, conoció a Gabriel.

Ocurrió en una exhibición de arte, presentada por un conocido en común. Gabriel Hernández, artista e historiador, llevaba consigo su propia historia de transformación. Nacido de padres inmigrantes en Nueva York, había dedicado su carrera a preservar relatos a través de medios mixtos e instalaciones, honrando la resiliencia y reclamando identidad—una creencia que Mariana compartía en su propio proceso de reconstrucción.

Como Mariana, la vida de Gabriel había tomado giros inesperados. Alguna vez graduado en negocios internacionales, pasó años en el mundo corporativo antes de que la repentina pérdida de su madre lo obligara a reevaluar todo. Dejando atrás el éxito financiero, abrazó su vocación, creando obras que exploraban los temas de transformación, adversidad y orgullo cultural.

Mariana reconoció en él algo familiar—una determinación silenciosa, una identidad inquebrantable.

Su conexión se profundizó no a través de grandes gestos, sino de conversaciones sencillas. Historias compartidas de reinvención, de aprender a reconstruirse después de la pérdida, formaron la base de su vínculo.

A medida que sus caminos continuaban cruzándose—en inauguraciones de galerías, eventos comunitarios y encuentros fortuitos en el parque—Mariana se sintió atraída por la tranquila confianza de Gabriel y la empatía que irradiaba en su trabajo. Gabriel admiraba su fortaleza e independencia, inspirado por cómo se había levantado tras la traición para construir una vida definida por la resiliencia y la posibilidad. Su herencia compartida y sus caminos similares de redescubrimiento crearon una comprensión tácita.

Una noche, Mariana se detuvo a admirar una de las piezas de Gabriel en su última exhibición: una escultura imponente tejida con fragmentos de tela, mapas y cartas manuscritas. Gabriel le explicó su significado—un tributo a la resiliencia y a las historias de inmigrantes que construyeron nuevas vidas. La mirada de Mariana se suavizó, las capas de significado resonando profundamente con sus propias experiencias.

—Has creado algo verdaderamente extraordinario aquí —dijo en voz baja—. Se siente... familiar, de alguna manera.

Gabriel sonrió, su voz firme.

—Esa es la idea. Todos llevamos piezas de historia con nosotros— las partes que nos hacen ser quienes somos. Creo que tú has hecho lo mismo con tu vida.

Mariana sintió un destello de reconocimiento en sus palabras, un reflejo de su propio viaje. Mientras caminaban juntos bajo el ardiente resplandor del atardecer esa noche, su conexión se profundizó, ambos dándose cuenta de cómo sus vidas se habían cruzado para descubrir fuerza compartida, esperanza compartida y la posibilidad de nuevos comienzos.

Gabriel nunca presionó a Mariana ni intentó definir lo que eran, dándole el espacio para que su vínculo creciera de manera natural. Por primera vez en años, Mariana se sintió abierta a compartir su vida con alguien—no por validación o seguridad, sino como complemento a la vida que había recuperado.

Gabriel representaba un nuevo capítulo—no como un salvador, sino como alguien que caminaría a su lado con respeto y comprensión mutuos.

Por primera vez, Mariana se sintió abierta a la compañía—no como una necesidad, sino como una elección.

———•———

Mariana se acomodó en el balcón de su apartamento, la brisa nocturna acariciando su piel mientras observaba las estrellas esparcidas sobre la ciudad. Las luces titilaban en la distancia, reflejando el vibrante ritmo de la vida que continuaba bajo ella.

Ya no había incertidumbre en sus pasos, ni dudas sobre dónde pertenecía.

Había pasado años reclamándose a sí misma—su voz, sus ambiciones, su sentido de hogar. Y ahora, por primera vez, podía decir con certeza que la vida que tenía por delante era suya para moldear.

Lo que viniera después—crecimiento profesional, un amor más profundo, nuevas aventuras—lo recibiría con los brazos abiertos.

Porque ahora, por primera vez, no solo estaba sobreviviendo. Estaba prosperando.

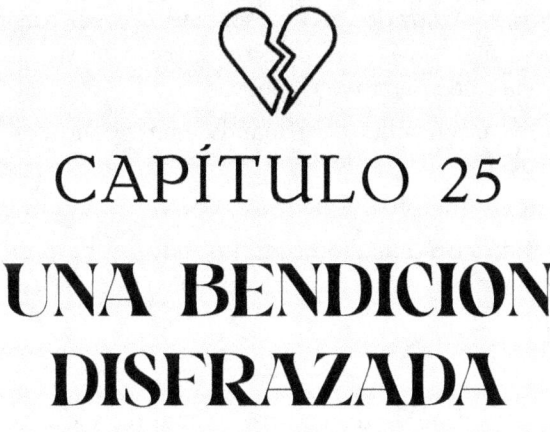

CAPÍTULO 25
UNA BENDICION DISFRAZADA

Mariana se encontraba en el parque, el aire fresco de otoño envolviéndola mientras las risas de Ricky y Amanda resonaban en el espacio abierto. Los tonos dorados de las hojas caídas reflejaban la transformación silenciosa dentro de ella—el cambio había llegado, y lo había abrazado.

Tres años atrás, había estado al borde de la incertidumbre, cargada de traición y angustia. Ahora, veía aquel dolor no como destrucción, sino como renacimiento.

La infidelidad de Ricardo había fracturado su mundo, pero en su estela, Mariana encontró algo inesperado—sí misma. Ya no era la mujer atada a ilusiones de amor; había reconstruido su vida ladrillo a ladrillo, moldeándola en algo completamente propio.

Se apoyó en el respaldo de una banca, observando a sus hijos corretear por el césped, sus movimientos ligeros, liberados del peso que ella alguna vez cargó sola. Los días de noches sin sueño, de silencios vacíos y temores no dichos, habían quedado atrás. Lo que permanecía no era amargura, sino orgullo—el tipo silencioso, el que nace de sobrevivir lo que alguna vez pareció imposible.

La maternidad se había convertido en una nueva forma de fortaleza. Hubo noches en las que se quedó despierta, preguntándose si su amor por sí solo bastaría para compensar la familia fracturada que Ricardo había dejado atrás. ¿La resentirían? ¿La verían como débil?

Pero sucedió lo contrario. Ricky y Amanda florecieron. Se volvieron más unidos, más atentos a las emociones del otro, su vínculo fortalecido por la resiliencia que construyeron juntos.

Las palabras susurradas de Amanda una noche confirmaron esa fortaleza.

—Mami, eres mi heroína. Quiero ser como tú cuando crezca.

Mariana tragó con dificultad, depositando un beso en la frente de su hija, permitiéndose—solo por un momento—reconocer lo lejos que había llegado.

•————•

Ricardo llegó al parque, la fresca brisa otoñal rozando su piel mientras veía a Ricky y Amanda correr hacia él. Pero su mirada pasó de largo, deteniéndose en Mariana, quien estaba junto al banco—su presencia tan firme como las estaciones que cambiaban a su alrededor.

Habían pasado tres años desde que su traición alteró la vida de ambos, tres años de intercambios breves—conversaciones logísticas sobre los niños, asentimientos rápidos en las recogidas y entregas—pero nunca nada genuino. Y, sin embargo, hoy algo era diferente.

Dudó mientras se acercaba, sus pasos más lentos de lo habitual, una fatiga pesando en sus movimientos. La confianza despreocupada que alguna vez tuvo y el carisma que lo definía se habían desvanecido. En su lugar, había algo más silencioso—un hombre que había pasado demasiadas noches enfrentando las consecuencias de sus decisiones.

—Mari —dijo con incertidumbre, su voz más áspera de lo que esperaba—. ¿Cómo has estado?

Mariana sostuvo su mirada con una calma firme, inquebrantable ante su presencia.

—Estoy bien. Gracias.

Ricardo tragó saliva, desviando la vista brevemente antes de continuar.

—Mari, ha pasado mucho tiempo desde que realmente hablamos—sobre nosotros, sobre todo lo que ocurrió.

—Ha pasado mucho tiempo —coincidió ella, su tono medido.

Ricardo se frotó la nuca—un hábito nervioso que no sabía que aún tenía. Su garganta se sentía seca, sus pensamientos enredados. ¿Cuántas veces había imaginado este momento? ¿Cuántas noches había permanecido despierto, viendo ahora claramente los errores donde antes solo encontraba justificaciones egoístas?

Suspiró, cambiando de posición.

—Ahora entiendo completamente la magnitud de mis acciones, y por eso, lo siento.

Las palabras quedaron suspendidas entre ellos, más pesadas de lo que anticipaba.

Mariana no vaciló, no reaccionó con ira ni con alivio—solo con una certeza tranquila.

Había sanado sin necesitar su disculpa.

Lo miró directamente, su voz estable pero firme.

—Durante mucho tiempo, creí que tu traición me había destruido. Pero no fue así. En realidad, me liberó. Por doloroso que fuera, me impulsó más allá de la supervivencia, hacia un futuro en el que soy más fuerte, más completa.

La traición había roto ilusiones, pero también había revelado verdades. La obligó a enfrentarse a sí misma, a dejar de medir su vida por lo que había perdido y en cambio enfocarse en lo que aún podía ganar. Ya no se trataba solo de sobrevivir—se trataba de posibilidad.

Lo que alguna vez vio como ruina se convirtió en un punto de inflexión. Había sido una bendición disfrazada.

Ricardo exhaló, sus hombros hundiéndose bajo el peso silencioso de sus palabras.

Sabía que ella ya no cargaba con él, pero escucharla decirlo ahora—con tanta claridad, sin titubeos—se sintió como la confirmación final de que Mariana había trascendido los restos del daño que él dejó atrás.

—Me alegra que estés bien —dijo, su voz más baja ahora, genuina—. Te lo mereces.

Mariana asintió con cortesía—nada más.

Mientras Ricardo se alejaba con sus hijos, Mariana volvió la vista hacia el banco, sus dedos rozando su bolso, donde descansaba su credencial del trabajo—una placa con su nombre que representaba la otra batalla que había librado y ganado: su independencia.

Ricardo había creído que ella no podría prosperar sin él.

Pero, de pie allí, bajo el cielo otoñal, Mariana sabía que su supervivencia nunca había dependido de Ricardo en absoluto—siempre había dependido de ella misma.

Una noche, mientras Mariana doblaba la ropa en la sala, Ricky y Amanda irrumpieron en la habitación, sosteniendo un tablero de juego gastado entre sus manos.

—Mami —dijo Ricky con una sonrisa—, estábamos pensando... ¿tal vez podrías jugar con nosotros?

Mariana levantó la vista, sus brazos llenos de toallas dobladas, y sonrió.

—Por supuesto, cariño. Vamos a prepararlo.

Reunidos alrededor de la mesa de centro, Ricky y Amanda discutieron juguetonamente sobre quién iría primero. Mariana los observó, sus risas llenando la habitación con calidez—la misma que había luchado tanto por recuperar. Había tomado tiempo, pero su hogar ya no resonaba con la pérdida. En cambio, latía con la promesa de todo lo que aún estaba por venir.

Cuando Amanda accidentalmente derribó las piezas, esparciéndolas por la mesa, Ricky gimió en frustración fingida. Pero Mariana rió, su voz resonando con una alegría pura.

Mientras reorganizaba el juego, se detuvo por un momento, observando a sus hijos con cariño silencioso.

—¿Saben? —dijo, su voz suave pero llena de certeza—, las familias no son perfectas. A veces las cosas cambian, a veces tenemos que empezar de nuevo, igual que este juego. Pero lo más importante es que siempre nos tendremos los unos a los otros.

Amanda se acurrucó contra ella, apoyando su cabeza en su brazo, mientras Ricky asentía pensativo, sus dedos trazando las piezas desperdigadas sobre la mesa.

—También tenemos a Papi —añadió Ricky, su voz suave pero segura—. Él todavía juega con nosotros y nos ayuda con la tarea y todo eso.

Mariana sonrió, abrazándolos con fuerza.

—Así es, mi amor. Pase lo que pase, nos tenemos los unos a los otros—y eso es lo que nos hace fuertes.

El juego continuó, las risas extendiéndose en la noche, tejiéndose en el hogar como algo firme, algo duradero. Era en estos momentos— pequeños, ordinarios, pero llenos de significado—donde Mariana veía cuánto habían avanzado.

Más tarde, cuando los niños ya dormían, Mariana salió al balcón. Inspiró profundo, dejando que el aire fresco del otoño llenara sus pulmones mientras contemplaba las luces titilantes de la ciudad a lo lejos. Su viaje, marcado por las cicatrices de la traición, ya no era señal de pérdida, sino emblema de supervivencia, fortaleza y empoderamiento.

En silencio, Mariana contempló no solo lo lejos que había llegado, sino las infinitas posibilidades que aún la esperaban. Su pasado le había regalado valiosas lecciones sobre su fortaleza, su valor y su independencia. Ahora sabía que jamás perdería su identidad bajo las sombras de las expectativas ajenas. Su historia era suya para escribir, paso a paso, guiada por el coraje y la promesa ilimitada de lo que estaba por venir.

A veces, los finales más difíciles conducen a los comienzos más hermosos. En la pérdida, descubrimos fortaleza. En el desamor, florece la resiliencia.

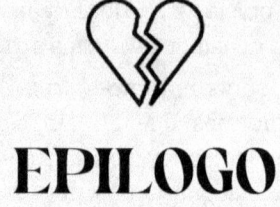

EPILOGO

Hilos del Destino

A medida que las estaciones se sucedían y el tiempo dejaba su huella, aquellos cuyas vidas se entrelazaron en medio de la traición y el desamor encontraron nuevos caminos. Los vínculos que alguna vez los unieron se transformaron, revelando sendas divergentes forjadas por decisiones, errores y aprendizajes compartidos. El romance que desató la tormenta se convirtió en semilla de cambio, obligándolos a enfrentarse a sus verdades más profundas. Aunque sus trayectorias tomaron rumbos distintos, las lecciones de haber caminado juntos—y de haberse separado—quedaron grabadas en sus almas. El destino no los unió solo para compartir gozos, sino también para atravesar pruebas que los moldearían desde dentro.

Para Mariana, la traición de Ricardo—que en su momento la quebró—se convirtió en el fuego que templó su espíritu. Fue el punto de quiebre que la liberó de las ilusiones y la empujó hacia una nueva versión de sí misma, más consciente y poderosa. De pie en un parque otoñal, con el viento acariciando su rostro y las risas de Ricky y Amanda danzando entre los árboles, Mariana comprendió que su camino ya no estaba definido por sombras ajenas, sino por la claridad de su propio valor. El amor que derramaba en sus hijos, en su vocación y en su comunidad se había convertido en la columna vertebral de una vida auténtica. Lo que antes fue dolor, ahora era cimiento.

Ricardo, por su parte, atravesaba su propio desierto. Las consecuencias de sus actos lo obligaron a mirarse de frente, a desnudar las máscaras y examinar al hombre que había sido. En ese vacío, encontró humildad. En la distancia, descubrió el anhelo de redención. Sus hijos se convirtieron en su faro: en ellos aprendió que sanar no es borrar el pasado, sino integrarlo, aceptarlo, aprender de él. Con cada paso, Ricardo buscaba reconstruir la confianza no solo como padre, sino como ser humano que se rehúsa a ser definido por sus errores, y que lucha—silenciosa pero decididamente—por merecer una segunda oportunidad.

Isabela también emprendió su viaje de introspección. Las decisiones que tomó la dejaron con cicatrices visibles e invisibles, pero también con la oportunidad de comprender su verdad. Entre la culpa y el deseo de redimirse, eligió la honestidad como su nuevo punto de partida. Comprendió que no todas las relaciones están destinadas a perdurar, pero todas tienen un propósito: algunas llegan para quedarse, otras para enseñarnos a soltar. Su decisión de reconstruir su vida desde la autenticidad fue su forma de desafiar el juicio y recuperar su dignidad. En la aceptación de sus sombras, halló la puerta hacia la luz.

Daniel, en cambio, encontró en la pérdida una posibilidad. En lugar de aferrarse al rencor, eligió el gozo simple: la luz del sol atravesando la ventana, la quietud de una casa en orden, la calma de su propia compañía. Construyó, desde la soledad, una versión más sólida de sí mismo. Comprendió que el destino no consiste en recuperar lo perdido, sino en descubrir lo que aún puede florecer. Su fortaleza no surgió de lo grandioso, sino de lo cotidiano; no del olvido, sino de la transformación.

Sus caminos se cruzaron por una razón. Y su separación también tuvo un propósito. En la distancia, cada uno reflexionó sobre las verdades sembradas en la experiencia compartida: que el dolor puede forjar carácter, que la pérdida puede revelar fortaleza, y que el perdón—el verdadero, el profundo—es un acto de liberación del alma. Algunas relaciones duran poco, pero su huella es eterna.

Mariana lo entendió: el viaje que compartieron le enseñó a soltar, a elegir la independencia, a reclamarse como dueña de su historia. Las lecciones que emergieron de aquella compleja red de emociones—claridad, resiliencia, propósito—no podrían haber nacido de otra manera. Mientras el sol se desvanecía en el horizonte, tiñendo el mundo con luz dorada, los hilos de esas vidas entretejidas encontraron su lugar en una armonía silenciosa. Incluso en las sombras, hay espacio para la esperanza y para nuevos comienzos.

Cada decisión tomada, cada camino elegido, no es bueno ni malo en sí mismo: es una experiencia. Una pieza más en el tapiz del alma. La vida no es una prueba que se aprueba o se falla, sino una danza de oportunidades para crecer, errar, amar, transformarse. Cada vivencia, por más dura que sea, añade profundidad al alma y expande su compasión.

La belleza de vivir reside en la dualidad: en la luz que sigue a la sombra, en el crecimiento que brota de la lucha. Los errores son maestros disfrazados; los tropiezos, invitaciones a detenerse y entender. Cuando dejamos de juzgar nuestras elecciones como aciertos o fracasos, empezamos a verlas como lo que realmente son: pasos necesarios hacia la plenitud. El arrepentimiento pierde fuerza cuando descubrimos que todo, incluso lo doloroso, nos ha acercado a lo que estamos destinados a ser.

El viaje de la vida rara vez es lineal. A menudo se siente incierto, brumoso, lleno de vueltas inesperadas. Pero dentro de ese misterio, hay una brújula silenciosa: el deseo del corazón. Esa voz interna, tenue pero constante, que nos impulsa hacia adelante incluso cuando no vemos el camino. Cada paso, por vacilante que sea, es un acto de valentía, una afirmación de que seguimos en movimiento.

Aunque el trayecto te ponga a prueba, nunca busca quebrarte. Busca revelarte. Con cada elección, estás escribiendo tu historia. Una historia que te pertenece, tejida con coraje, compasión y la promesa de un futuro siempre abierto a lo posible.

Namaste

Blanca De La Rosa: Biografía

Blanca De La Rosa, nacida en la República Dominicana y criada en los proyectos de viviendas del Alto de Manhattan, es hija de inmigrantes dominicanos. A pesar de los desafíos culturales y lingüísticos, se graduó de la Universidad Pace con un título en Administración de Negocios Internacionales. Construyó una exitosa carrera de 34 años en Mobil Oil y posteriormente en ExxonMobil Oil Corporation, ascendiendo en diversos roles nacionales e internacionales que la llevaron a través de Estados Unidos, Europa, Centroamérica, Sudamérica y Nigeria.

Como gerente de desarrollo de negocios y presidenta del Grupo de Recursos para Empleados de la empresa, De La Rosa representó a ExxonMobil en los premios de becas regionales y nacionales de la Hispanic Heritage Foundation. También participó como anfitriona, oradora principal y panelista en numerosos eventos respaldados por la fundación benéfica de la empresa. Sin embargo, el rol más gratificante para ella fue el de mentora, guiando a empleados más jóvenes a través del complejo entorno corporativo.

De La Rosa es una autora autopublicada con varios títulos:

Desarrollo profesional y carrera: *Empower Yourself for an Amazing Career* y *A Holistic Approach to Your Career*, donde comparte consejos basados en sus propias experiencias. Combina estrategias prácticas con sabiduría interna y espiritualidad para ayudar a lograr el éxito en el lugar de trabajo.

Memorias/Autobiografía: *En busca de un mañana mejor* es un relato inspirador de un viaje desde España a los Estados Unidos, entrelazando cuatro historias que ilustran los desafíos y oportunidades de la inmigración, la adaptación cultural, el crecimiento personal y el autodescubrimiento. De La Rosa comparte su viaje desde los proyectos de vivienda de Nueva York hasta el mundo corporativo, resaltando su evolución y logros a pesar de las dificultades.

Desarrollo personal y espiritualidad: *El poder dentro de ti – tu luz to guía interna* explora temas de crecimiento personal, el viaje del alma, la fortaleza interior y la búsqueda de propósito. El libro enfatiza la paciencia y el progreso gradual, guiando a los lectores hacia una mejor comprensión de sí mismos y una evolución constante a través de sus experiencias.

Blanca De La Rosa: Bibliography

Fiction - Novel

Camila and Nic seemed to have it all—a loving marriage, two beautiful children, a cozy home, and a promising future. But beneath the surface, their perfect life was beginning to crack. Feeling neglected and unfulfilled, Camila embarks on a secret affair that threatens to unravel their world. As the truth comes to light, Nic is blindsided by the betrayal, left grappling with the disintegration of the life he once knew.

Self-Help / Spiritual

"Your Power Within—Inner Guidance" is a journey of self-discovery and healing. Through personal anecdotes and reflections, the book explores the quest for purpose and inner strength. It encourages readers to tap into their inner power, break free from limits, and create their dream life. This guide helps readers discover their passions, connect with their inner selves, and align with their greater purpose. Your inner power is limitless!

Memoir / Autobiography

What would you give up today for a better tomorrow? This question fuels an inspiring cross-generational journey from Spain to the US, spanning over 100 years. Through the characters' stories, we see the challenges and opportunities of immigration, acculturation, coming of age, and self-discovery. De La Rosa's transition from New York City's projects to corporate America highlights her personal and professional growth.

Self-Help / Career

A holistic approach is essential for upward mobility. Develop a career plan with clear goals and a forward-looking perspective.

Empower Yourself provides uplifting and inspiring insights. with practical advice and inner wisdom for workplace success.

www.ingramcontent.com/pod-product-compliance
Lightning Source LLC
Chambersburg PA
CBHW071211070526
44584CB00019B/2996